龍神ガガの人生相談

小野寺S一貴

KADOKAWA

はじめに

「人はなぜ悩むのかね？」

突然哲学的なことを言い出す龍神様の声に、僕は驚いて顔を上げた。

「ど、どうしたんですか？」

「どうもこうもないがね。おいタカや、ちゃんと説明したまえ」

そう僕に話しかけるのは、妻ワカに付く龍神ガガである。

ガガという名は妻が付けた。「ガーガーうるさいからガガ」、龍神様に対してなんて安直な名前を付けたものだと思うが、本人（本神？）も気に入っているらしいから良しとしよう。

「それでいったい何を説明すればいいんでしょう？」

僕は改めてガガに問い返す。

「うむ。いったい、人間はいつまで悩んでいるつもりかね？」

ガガはもう一度そう言うと、大きなため息を吐《つ》いた。

「人間はいつでも悩みを持ち、なかなか前に進もうとしない生き物だ。ひとつ解決してもまた立ち止まり、また悩む。その繰り返しではないか」

「でも、生きていればいろいろあるし、仕方ないのでは？」

僕はちょっと反論する。社会で生きていれば悩みは尽きない。

人間関係の悩み、仕事の悩み、健康の悩み、子育ての悩み、恋愛の悩み、お金の悩みなど、「生きる」とは「悩む」ことと同義と言っても過言ではないかもしれない。

「悩みに関する本もたくさんあるではないか。それを読んでもダメなのかね？」

「たしかに悩み相談やカウンセリングの本は多く見かけますけど……」

僕はそういう本がずらりと並んでいる書店の光景を思い浮かべる。そして、それを真剣にめくる大勢の人たちのことも。

「ならば！」

ガガは語気を強めた。さあここからが本題だ、という空気を感じる。

「我にも悩みがあるが、その悩みは誰が解決してくれるのだね？」

僕は思わずズッコケた。

まさか、龍神様にも悩みがあるとは驚きである。

まったく、なんて人間臭い龍神様だ？

「でもさ、ガガは神様なんだから自分でなんとかならないわけ？」

妻ワカが首を捻《ひね》る。

ちなみにガガとの会話はすべてワカの仲介で成り立っている。僕には龍神様の声は聞こえないわけだが、便宜上その部分の説明を省略するところはご容赦いただきたい。

「お前ら何か勘違いしていないかね？　我々**龍神も神様も、人間が元気で祈りを捧げてくれて初めて存在できる**のだよ。従って我の悩みは、どうしたら『人間が悩まず元気に生きてくれるのか』ということなのだ。この悩みは誰が解決してくれるのだね？」

ガガの説明によればこうだ。神様も龍神様も人間の祈りによって生み出された存在。

そしてそのエネルギー源となっているのは、人間のワクワクした鼓動だという。言われてみれば、腑に落ちる。神社のお祭りは楽しいものだ。豊作への願いや感謝をこめてワッショイワッショイとお神輿《みこし》をかついだり、お神酒《みき》を振舞ってエキサイティングな時間を過ごす。

そうして伝わったワクワクの鼓動で、神様も元気になるのだという。力をつけて、より一層人間を守ってくれるわけだ。つまり神様と人間はお互いが支え合う存在ということになる。

その証拠に、鎌倉幕府が１２３２年に制定した武家に関する基本法典「御成敗式目《ごせいばいしきもく》」にも次のような一文がある。

「神は人の敬《うやまい》によりて威《い》を増し、人は神の徳によりて運を添ふ」

神様は人間の祈りによって強くなり、その見返りに神様は人間に運を授けてくれる。

だから日本人は、神社を修復し、お祭りを絶やさないようにしてきた。

「わかったかね。人間が悩んでばかりで幸せを感じてくれなければ我々も困るのだよ」

ガガは涙をぬぐう仕草をしつつ、チラリとこちらに視線を向けた。その目に感じる「なんとかしろ」という無言の圧力……。

なるほどねぇ。

僕はソファにもたれかかり、うーんと天井を見上げた。

でも、なんとかしろと言われてもなあ……、そもそもなんで龍神様の悩みを一介の人間である僕が考えなきゃいけないんだ？　すると、

「もしこれを解決してくれたら、神様から褒美があるかもしれんがね」

僕の心の内を見透かしたかのように、ガガがコソッと言った。

「え、本当に？」ちょっと色めき立つ僕。うん、セコイ。わかっている。

しかし、そうなれば話は別である。

「わかりました。ではガガさん」

そう言ってガガに向かって姿勢を正した。

「ガガさんは、これまで長く人間たちを見てきたわけですよね」

「さよう。我はまだ若手だから、ほんの1000年ほどだがな」

「1000年！　それはすごい。ガガさんほどの龍神様なら、人間の悩みの解決策もある程度はご存じかと」

「そりゃあそうさ、我は偉大な龍神だからな。人の悩みなどポポイのポイなのだよ」

ガガはそう言って胸を張る。やはりこの龍神様はおだてに弱い。

「じゃあ、ガガさんが人間の悩みの解決策を教えてあげればいいのではないでしょうか？　人間の悩みも消えてワクワクした鼓動も増える。神様や龍神様もエネルギー源が増えて万々歳！」

「あ、そりゃいいわ！　ガガならお茶の子さいさいじゃん？」妻も乗せ始める。

しかも！　と、僕は手をポンと叩いた。

「ガガさんも上司である神様に『偉大なる龍神ガガよ。よくやった！』と褒められるかもしれませんよ」

龍神というのは神様の眷属《けんぞく》、つまり使いの者だ。神社の神様同士の連絡役を担《にな》ったり、神様の命令で人間の願いを叶える役割も担う。つまり神様は龍神にとって直属の上司にあたる。上司の覚えは良いほうがいい。それは人間も龍神も同様な気がする。

最後の一押しが効いたのかガガは「ほほう」と髭《ひげ》を撫《な》でながら、まんざらでもない表情を浮かべた。

「我の出世が早まるかもしれんがね。よし、タカや。**すぐに我が人間の悩みに答えてやる**がね。そしてそれを広めるために本にしたまえ。今すぐ！」

調子がいいんだから、もう。

そんな感じで、始まったこの龍神ガガのお悩み相談企画。

少しでも皆さんの悩みが消えて、楽になってもらえたらいいなと僕たちは思います。

読み終わったあとには、きっと違うあなたに変身していることを想像して。

さあ、お悩みスッキリといきましょう！

登場人（神）物

小野寺S一貴（タカ）

この本の著者で、かつては大手企業に勤めるエンジニア。なんでも理屈で考える失敗ばかりの理系人間だったが、妻ワカに付いた龍神ガガの教えに従い本を書いたら、あっという間に大成功。現在は作家として活動している。

ワカ

タカの妻。子どものころから見えない世界がわかる体質だったが、その不思議なことをスルーしてきた自称「無神論者」。だが、龍神ガガの教えを試験的に実践したところ物事が恐ろしく好転するのを体感し、今では「神様はいる」派に変化した。ガガの話を通訳する。

龍神ガガ

ワカを子どものころから守っていた龍神。「守っているヤツの格が下がると自分の格も下がる！」と、ワカの指導に力を入れに現れた。なぜか語尾に「〜だがね」が付く。全国に熱狂的なファンがいて、そのうち起こるガガ旋風にどう対応しようかと、余計な心配をしている。

黒龍

ガガの采配によりタカとコンビを組むことになった龍神。頭が固く、他の龍神と馴染《なじ》めない落ちこぼれだったが、タカと共に数々の試練を乗り越え、今では紳士的で博学の龍神に成長した。ガガの教えをわかりやすく解説してくれる。女性に大人気。

「龍神ガガの人生相談」目次

第2章　仕事・勉強のお悩み　61

第3章　お金のお悩み　111

第4章 恋愛・結婚のお悩み

第1章
人間関係・家庭のお悩み

【お悩み】

空気が読めなくて、相手を怒らせてしまいます。どうすればいいでしょう

相手はお前を嫌いかもしれんがね。
大人ならば、多少空気が読めなくても怒らぬものだ。
生きるうえでは空気を読むことも必要だが、
無理して好かれる必要はない。
空回りして悪循環に陥るときは、
いっそただの世間話だけすればいいのだよ。

この方の気持ちはとてもよくわかります。

なぜなら、僕も空気が読めない発言をして、相手を怒らせた経験がたくさんありました。

ですが、これにはちゃんと理由があって……。そのあたりをご説明しましょう。

たしかに相手の反応で「良かれと思ってやったのに」ということは避けられないことだと思います。だって他人の心の中はわかりませんから。

とはいえ、そのままでは結果的に自分が損をすることになってしまいます。なぜなら世の中にはある法則があるからです。

僕たちはそれを「世の中の法則」と呼んでいるのですが、**自分がしたことはすべてそのまま自分に返ってくる。**良いことも悪いことも全部です。

具体的には、相手にした行動が返ってくるというよりは、感じさせた思いが返ってきます。嫌な思いをさせたら、同じような嫌な思いをすることになり、嬉しい思いをさせれば、自分にも嬉しい思いが返ってくるというわけです。

このように、空気を読めずに相手を怒らせてばかりの人は、どこかで自分も嫌な思いを味わってしまう。それは誰だって避けたいところだと思います。

そこで2点、僕たちからのアドバイスがあります。

ひとつは、**「どんな行動でも、良いと感じる人も嫌だと感じる人もいる」**ことを認識すること。

たとえば僕が誰かにご飯をご馳走《ちそう》したとします。それを「ありがとう!」と素直に喜んでくれる人もいれば、「なんだか馬鹿にされた気がする」と卑屈に受け取る人もいるということ。

ですから、空気を読めずに失敗したら「なんで私は空気が読めないんだろう」と落ち込んで終わらせるのではなく、**「同じケースがあったら次は失敗しないように気をつけよう」と前向きに次につなげる意識を持ってみましょう。**

そうすれば同じ失敗でも「ただの失敗」から「成功へのきっかけ」に変えることができます。それが成長です。

そしてふたつめは、**「自分が好きな人、なりたい人のように振舞う」**こと。

いくら考えても相手の気持ちが100パーセントわかることはありません。

ですが、自分の心の中ならわかります。

だから日頃から、

「自分がされて嫌なことはしない」

「自分がされて嬉しい行動をする」

ということを心がけるといいでしょう。

自分が元気よく挨拶されると気持ちいいと感じたら、人に元気よく挨拶する。

コーヒーをご馳走されて嬉しいと感じたら、誰かにご馳走してあげる。恥ずかしいのは最初だけ。

多くの人はこれで喜びます。断言します。

それにもし、それで怒るような相手であれば自分と感性が違うということ。そういう人とは今後うまくやっていくのは難しいでしょう。パッパと見切りをつけて、ガガさんの言う通り、当たり障りのない世間話だけしていればいいんです。

ガガの言葉

自分がされて嫌なことは決してするな。その心がけがお前を幸せにするがね。

【お悩み】
ママ友たちと仲良くやりたいのですが、うまくできません。苦しいです

女は自慢したい生き物なのさ。
建前の仲良しで良いのなら、相手の持ち物や見た目を褒めたまえ。
だが、本当に仲良くなりたいなら自分を開けっぴろげるのさ。
所詮、その場のつき合いなのだ。
一生続くわけではないがね。

ママ友とのおつき合い、近所のおつき合い。
得てして人間の悩みとは人づき合いからくるものです。
ですが、**うまくやる＝《イコール》仲良くする、というわけではありません。**

好きでもないのに仲良くなろうとすれば「裏腹な行動」になってしまいます。

それでは身体にも心にも良くありません。ではどうすればいいのでしょう?

ここで、ひとつコツをお教えします。

ママ友だからといって、みんなと「仲の良い友達」になる必要はありません。

学校や会社でいませんか? 「学校だけの友達」「会社だけの関係」って。

学校や会社の中ではうまくつき合うけれど、プライベートではつき合いがない友達。

あくまで、その組織内でうまくやるためのビジネス的な関係です。

ママ友だって同じ。親密な友人になる必要なんて本当はないんです。

子どもを教育するうえでのビジネス上の関係、そう思えば少し楽になりませんか?

そうやって人間関係を壊さずに円滑にすれば、もしかしたらそこから本当に仲の良い友人が生まれる可能性だってあります。

そして**本当に仲の良い関係になりたいと思ったら、自分をさらけ出してしまうこと**です。

先に自分が本音を見せることで、初めて相手も安心して本音で話してくれるようになるんです。

本当の友人は、往々にしてそうしてできていきます。

もし、そうならなければビジネス上の関係のままでいればいいだけのこと。

そのくらいライトに考えてみてはいかがでしょうか？

そして、そういう考え方やつき合い方ができるようになると、もうひとつ良いことがあって……。

そこはガガさんから直々に教えてもらうことにしましょう。

「では我が教えてやるがね」

「お願いします」僕は姿勢を正して耳を傾ける。

「仲の良い関係、というのはやがて停滞を生み出す」

「どういうことですか？」

「同じレベルの人間とばかりつき合っているとたしかに心地よいだろう。しかし、そんなれ合いの関係ばかりでは、魂の成長など望めんのだ」

「たしかにスポーツでも強い選手のいないチームはなかなかレベルも上がりません」

僕はうんうんと頷《うなず》きながら答える。

「時には高いレベルの人間の集まるところに行ってみる。そんな人間とつき合ってみる。当然初めはついていくのが大変だ。レベルが違うのだからな。しかし、それに合わせられるよう努力することで、いつしか自分自身が成長できるのだよ」

「なるほど。そのために、『ビジネス的なつき合い方』をママ友や近所つき合いで練習すればいいのか」

僕は膝を打った。レベルアップのための練習だと思えばちょっとは気も楽になる。

というわけで、必ずしも仲の良いお友達になる必要はありません。

表面的なつき合い方もある。

そうやってママ友やご近所の関係も考えてみればいいんです。

ガガさんの言う通り、その関係が一生続くわけではないのですから。

ガガの言葉

人との関係にはいろいろな形があるのだ。
割り切ったつき合い方も、
そのうちのひとつなのさ。

【お悩み】

周りへの配慮や、感謝をするよう心がけると、今まで気にならなかった言動にイライラするようになりました。なぜでしょうか？

それはお前が、たんに上から目線になっただけだがね。
自分は周りに気を使って「やっている」のにと、周りが気づかないことに腹を立てているだけだ。
それは本当の感謝ではないがね。

僕たちにも同じような経験があります。
「相手の身になって考えよう」
「相手はどう感じるか気をつけよう」

そう思って行動できるようになるのは成長です。

周りの人に喜びや心地よさを与えられるようになります。

ところが自分がそれを心がけていても周りは何も変わっていません。

すると、あなたから見ると周りの人たちが自分に対してなんの配慮もしていない言動をすることに物足りなさを感じることが多くなります。

「なぜ相手のことを考えない発言をするの？」

と腹立たしく思うこともあるかもしれません。

ですが、**これこそあなたの驕《おご》りなんです。**

「自分はあなたのことをちゃんと考えているのに」

そんな、「してやっている」という上から目線の考え方があなたをイラつかせているだけ。

そこでちょっと考えてみてください。

あなたはこれまでは、周りにそんなふうに嫌な感情を抱かなかったはずです。

つまり、**イラついている周りの言動は少し前までのあなた自身**なんです。

あなたがそれまで、周りに対していかに配慮していない言動が多かったか？

それを今、あなた自身が感じている。

ただそれだけ。

自分が成長したぶんだけ、周りの悪い部分が目につくようになる。

それは裏を返せば、あなた自身の姿を見せられているだけということ。

それを理解すれば、周りのそんな言動にいちいち腹を立てることなく、寛容に振舞うことができるようになるでしょう。

そして、それができるようになると自然とそういう人たちとは距離ができていき、新しい人間関係が構築されていきます。

ステージが上がると、つき合う人も変わってくるのが通常で、僕たちも龍神の教えを実践するようになってから周りの人間関係がガラリと変わりました。

これは悪いことではなく、むしろそのレベルに合わせて人間関係が変わると言えばいいでしょうか。

レベルが上がれば高いレベルの人が、低くなれば低い人がやってきます。

びっくりするほど反映されます。まさに鏡！

一緒に周りの人たちも成長してくれればいいのですが、なかなかそうもいきません。

成長についてこられない人は離れていくこともあります。

でも大丈夫。やがてちゃんとレベルに合った人が現れます。

それに一度離れた人も、成長して戻ってくることだってあるんです。

なぜなら、成長する速度は人それぞれだから。

ですから、安心してください。

もし、気になる言動があったら「自分も昔はそういう発言をしていたのかもしれない」と、自分の過去を反省してみる機会に変えましょう。

そして、同じような言動をすることがないよう、気をつければいい。

大丈夫ですよ。しっかり成長するあなたの姿を神様も龍神様も喜んでくれていますから。

ガガの言葉

目に映るものは鏡、鏡は嘘をつかんのだ。

映ったものを受け入れるがね。

【お悩み】

人を信じやすく、よく騙されてしまいます。どうすれば騙されなくなりますか？

同じ過ちは3度まで。
それ以上繰り返すとは馬鹿極まりないがね。
責任を持ちたまえ。
1度目に騙された→自分一人で済むかもしれない
2度目に騙された→友人を巻き込むかもしれない
3度目に騙された→家族まで巻き込むかもしれない
何度も騙されるということは、多くの人を巻き込む。
これを無責任と言わずになんと言うか。

繰り返し騙される人というのは、言い換えれば成長しない人です。

その根幹にあるのは、

「自分は悪くない」

「騙すほうが悪い」

「今回は運が悪かっただけ」

という、自己擁護です。

そうやって**周りのせいにばかりしていては、同じ過ちを繰り返すのは当たり前。**

「なぜ騙されたのか？」

「何が悪かったのか？」

そうやって自分の過ちを認めることから始めることが必要です。

では具体的によく騙される人の特徴を見てみましょう。

長年人間界を見てきたガガさんによれば、

「よく騙されるヤツは、自分に自信がなく嫌われたくないタイプ。異常に自己主張が強いヤツ、そしてたんに思慮が足りないヤツに分けられるがね」

と教えてくれました。

自分に自信がなく嫌われたくない人は、何かを頼まれたり勧められると、

「断ったら嫌われるかも」

という意識が強く、相手の言うことに従ってしまいます。

自信がないので、自分の考えも堂々と言うことができません。

途中で騙されたことに気づいたとしてもそれを認めることもできず、相手のことを必死に信じ込もうとします。そのほうが楽だからです。

手遅れになるまで騙されていることを認めることはないでしょう。

自己主張が強い人は、一見騙されにくそうに思えますが、ここが盲点。

自分の主張を認めない人は絶対に信用しませんが、ひとたび自分に賛同してくれる人が現れると盲目的に信じてしまいます。

このタイプは多くの人を信用しないぶん、一度信用すると簡単に騙されます。

最後は、思慮が足りない人。

「なぜこんなことを自分に頼むのか？」

「私を喜ばせることで、この人にはどんなメリットがあるのか？」

など、いったん冷静に考えればいいのですが、それができずに言われるがままに相手を妄信してしまいます。自分を慕ってくれると、気分が良くなってしまう人も多い。

一見、周りからは「いい人」と思われがちですが、実はこういう人は騙す側から見ると「都合のいい人」でしかありません。まさにカモネギです。

総じて言えることは、日頃から何か失敗したと思ったら、
「自分に悪いところがなかったか？」
と、考える癖をつけることです。

どんな悪いヤツに騙されたとしても、狙われたことには理由があるんです。

自分がどのタイプに当てはまるか、騙される理由を考える癖を日頃から身につけることで、2度目、3度目の失敗を防ぐことができます。

失敗を失敗で終わらせない。

それが人間としての大きな成長となるのです。

ガガの言葉

騙される側には必ずスキがあるがね。
まずそれを認めたまえ。

【お悩み】

人とは分け隔てなく仲良くすべきだと思うんですが、第一印象で嫌だと思う人がいるとうまく接することができません。どうすればいいでしょうか？

直感は何より大切だがね。
嫌だと思ったら、それを信じればいいのだよ。
ただし、社会の中では必要があれば、
つき合わなければいけない関係もあるのだ。
人生は割り切りが大切。
好き嫌いだけで渡れるほど甘くはないのだよ。

初めて会った人に対して、
「この人、ちょっと嫌だ」
「なんか違和感があるな」

そんなふうに感じた経験は誰にでもあるのではないでしょうか？

実はその感覚には、ちゃんとした理由があるんです。

人間は生まれてからこれまで、五感で感じてきたものを経験として蓄積しています。

感覚が優れている人であれば、なおさらその情報量は膨大なものになります。

そして初めて会った人でも、

「こういう人は合わない人が多かった」

「こんなタイプの人とつき合ってひどい目にあった」

という感じに、脳は過去の経験と照らし合わせているんです。

それが第一印象で感じる「違和感」の正体。

当然これまで出会った人、つき合った人が多ければ多いほど、この精度は上がっていきます。

とはいえ、違和感を覚えた人を初めから拒絶しろということではありません。

社会の中で生きていれば、どうしてもつき合わなくてはいけない人もいる。それが現実です。

職場をコロコロ変えることはできませんし、同じ学校に通っていれば毎日顔を合わせるわけですから。

大事なのは、その「違和感」を忘れずに、常に念頭に置いておくこと。

そうすれば、何かあったときのダメージも少なくて済みます。

これは僕の経験ですが、とても気が合い、仕事上のつき合いも深い人がいました。でも、最初に出会ったときにある違和感を覚えたんです。

それは以前、同じ感覚を抱いた人に裏切られたという経験からきているものでした。

そこで、「同じようなタイプかもしれない。万が一、同じことが起きてもダメージが最小限に留まるようなつき合い方をしておこう」と、ビジネス的なつき合いに徹していました。

もちろん本質的に合うと判断すれば、より距離を縮めたつき合いをするつもりでしたが、結果は残念なものでした。

その後、決裂する出来事があり、今では疎遠になっています。

最初に抱いた違和感が正しかったのです。

得てして、こういう**第一印象というものは本質をとらえていることが多い**のです。

僕もこの第一印象を心に留めておいたことで大きなダメージにはなりませんでした。

最初の経験が次に活きたわけです。

ですから、

「何かおかしい」

「ちょっと変だ」

と感じたら距離を置くのも大切です。

特に大事なビジネスの相手だったらなおさらです。

「大事なのは心の内の声に耳を傾けること」

それを意識してみてください。

ガガの言葉

第一印象や肌で受けた感覚。

その感覚が自分の身を守ってくれるのだよ。

【お悩み】

新しい環境で必ず嫌われてしまいます。少しでもみんなが好きそうな話をするように努力しているのになぜでしょうか？

自分で自分を嫌ってないかね？
その実感があるはずだ。
みんなが好きそうな話などどうでもよいから、
自分を好きになる努力をするがね。
どうせ嫌われる、と思っていると、
それは必ず相手に伝わってしまうのだよ。

誰でも初めて会う人には少しでもいい印象を持ってほしいものです。

ですが、

「嫌われないようにしなきゃ」

とばかり考えていると萎縮してしまい、考え方の幅が狭まって自分の考えに固執することになってしまいます。

そういう空気は伝わります。

「みんなが好きそうな話をするように努力している」

という考え自体がすでに、

「みんなが好きそうな話をしている私をかまって」

という、周りに合わせてほしい気持ちがうかがえます。

それでは周りの、しかも自分を知らない人たちから理解を得ることはできません。

大事なのは**「自己開示と新しい環境を理解する」**ということです。

「自分はこう感じるから」

「これまでの会社ではこうだったから」

「前に住んでいたところでは」

そういう考えは捨て、新しい環境の人間関係やルールを把握することから始めましょう。

誰がどのような性格なのか、誰が頼られ、誰がムードメーカーになっているのか。

そういう人間関係を把握することが大事。

そして年齢の近い人や、話しかけやすい人を見つけて自分を開示して話しましょう。

そうすれば、自然と自分のすべきことが見えてくるはずです。

人間は不思議なもので、**仮面で接しているうちは相手もずっと仮面のまま**ですから。

そして、そのために大切なのが、「見た目」です。意外ですか？

もちろん顔を変えろとか言っているわけではありません。

服装や話し方、表情だけで相手に与える印象は大きく変わってくるものです。

初めて会う相手に与える第一印象はその後にも影響を及ぼします。

「メラビアンの法則」ってご存じでしょうか？

これは会話で聞き手に与える影響を、「言語情報」「聴覚情報」「視覚情報」という3つの観点で比較した研究結果から導き出された法則です。

この研究結果によると、人に対しての印象で最も影響を与えるのは「視覚情報」でした。

その割合はなんと55パーセントと高い数値!!

ちなみに「言語情報」はたった7パーセントだったんです。

つまり、あなたがいくら相手に関わろうとみんなが好きそうな話をしても、その効果はごくわずか。

これでは、好印象を与えるのは難しいのは当然でしょう。

そこでまずは「笑顔」で相手に接する努力をしてみましょう。たかが笑顔、されど笑顔。

これで人生を変えた人たちを僕もたくさん見てきました。

ぜひ、相手が「この人と話したい！」と思えるような笑顔を意識してみてください。

鏡の前で笑顔の練習をしてみるのもいいでしょう。

あ、もちろんお洒落《しゃれ》も楽しんでください ね。

汚い恰好をしている人を好きになる人はあまりいませんから。

ガガの言葉

郷に入っては郷に従え。自己を開示して新しい環境に馴染む努力をするのだよ。

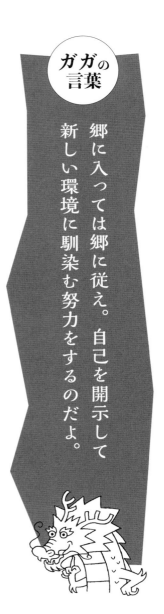

【お悩み】

初めての場所、初めて会う人の前だと緊張して、うまく話ができません。何かアドバイスをください

お前だけではないぞ。
実は皆、緊張しているのだ。
緊張して当たり前。
まずは、「こんにちは」と言うだけでよい。
あとは場数を踏んで鍛えていくがいい。

初めての場所で緊張するのは、至極当たり前のことだと思います。
むしろ適度に緊張するくらいがちょうどいい。
緊張しないということは、一生懸命に取り組んでいないということですから。

とはいえ、緊張のあまりせっかくの出会いの場を活かせなければ意味がありませんよね。

そこで、ぜひやってほしいことがあります。

1．なんでもいいから、とにかく「自分から」声をかける

2．何を話すか事前に考えて（シミュレーションして）おく

この2点です。

多くの人は突然話しかけられると、うまく話ができません。

これはなぜかというと、「心の準備がまったくできていない」から。

だから反対に「自分から声をかける」んです。

そのために普段から、話したい相手には自分から声をかける癖をつけるといいでしょう。

目当ての人を見つけたら自分から声をかける。目が合った瞬間に話しかける。そう決めてしまうんです。

タイミングは二の次、とにかく最初の一言を自分から投げる勇気から始まります。

そうすることで、その会話の主導権を握ることができ、心にも余裕が生まれるはずです。

さて、話しかけることができたら次は「何を話すか」です。

そこで大事になってくるのが「話すことを事前に決めておく」という裏ワザです。

事前に会話の取っかかりになる話を決めておけば、会話に困ることはまずありません。

誰に対しても使えるワードを決めておくのもＯＫです。

僕がよく使うのは天気のこと。

「今日は暑いですね〜」

「今朝の雨にはビックリしましたよね」

など天気の話であれば誰にでも対応できますし、相手と共通する話題になります。

その場所にあるものを話題に出すのも悪くありません。

「これ可愛いと思いません？」とか「この曲いいですよね」などがそれ。

もしも、会う相手が決まっている場合。

たとえば好きな役者さんと会うことがわかっていれば、

「〇〇観ました。特にあのシーンが好きです」

「〇〇を観てファンになりました。あのキャラクターがすごく好きなんです」

という感じで「必ず話したい」という内容をあらかじめ決めておく。

そして会場ではいつ会うかもしれないという「心の準備」も大切です。

これは仕事でもプライベートでも役立つことなので、ぜひ参考にしてください。

あとは、ガガさんの言う通り、とにかく実践してみることです。
初めからうまくできる人なんていません。
僕も何回も失敗しながらできるようになった口ですから。

ガガの言葉

勇気を出して言った「こんにちは」が
道を拓いてくれるのだよ。

【お悩み】

中学生の娘がいるのですが、
親を馬鹿にして気持ちをわかってくれません。
自分なりに娘の気持ちに寄り添うように努力しているのですが。
親子関係のアドバイスをお願いします

お前も自分の親を馬鹿にしていなかったかね？
本当に娘に気持ちを伝えたかったら、
寄り添うなど上から目線をやめて、
ガチンコで喧嘩したまえ。
本音で向き合うのだよ。

逆に質問です。
あなたは自分の親を尊敬し、理解してきたでしょうか？

まず**自分はどうだったか？　と考えてみることが大事**です。

自分に置き換えて考えてみる。

自分はどうであったかを思い出してみる。

もし母親が「寄り添うように努力している」という態度で接してきたら素直になれたでしょうか？

「私はあなたのことを理解するように努力しているわ」

「あなたの気持ちは私が一番よくわかるつもりよ」

そんな上から目線な態度では、子どもも面白くないのは当然です。自然と反発したくなるでしょう。

では具体的にどうすればいいのでしょう？

一度、捨てるつもりで子どものことを忘れてみることです。

子どもの面倒を見るのをやめてみる。

そもそも子どもというのは親に甘えているものです。

もし、子どもに必要とされているのであれば自然と変化があるはずです。

「魔の14歳」という言葉があるように、中学生は思春期真っ只中《ただなか》。

僕にも覚えがありますが、親に反発することは一時的にはよくあることでしょう。

親もまた一人の人間です。娘さんを「遠くから見守る気持ちで」しばらく放っておきましょう。


無視をするというのではなく、過干渉をやめる。余計なことは言わない。

しかし、してはいけないことをしたときはビシッと叱る。それが大切です。

自分が子どもに必要とされている自信があれば、できるはずです。

そして、話をするときには対等な立場でしっかりと向き合うこと。


「子どもは弱いもの」

「助けてあげなければならない」

という先入観は捨て、子どもの話をしっかり聞く。

相手を尊重して事情を聞いて真摯に向き合う。

小さいときには「ママ、ママ」となついていた子どもが思春期になり反抗するようになると、親として戸惑《とまど》うのは当然。その変化を素直に受け止められないのが親というものです。

しかし、**教育というのは子どもを立派な社会人にするためのもの。**

そのために必要なことが思春期の自我の芽生えであり、自立への意識です。

親はそれを阻害することなく、子どもの自主性と自己肯定感を持てるような言動を取っていくことが重要になります。

そのために必要なのが、「助けてあげる」という上から目線をやめて、同じ立場の人間として向き合うことです。

とはいえ、まだまだ人生経験も未熟な10代。

時には正面からやり合う覚悟を持って、向き合うことも必要です。

嫌われるのでは？　親子関係がギクシャクするのでは？　と恐れずに、言うべきことは言う。時にはガガさんの言う通りガチンコの喧嘩をしてでも話し合う。

そうすれば自然と良い親子関係が作られていくと、偉大なる龍神様は言います。

ガガの言葉

時には本気で喧嘩する覚悟を持つ。それが子どもを守るという真の意味さ。

【お悩み】

姑の意地悪に我慢してきましたが、もう限界です。どうすればいいでしょうか？

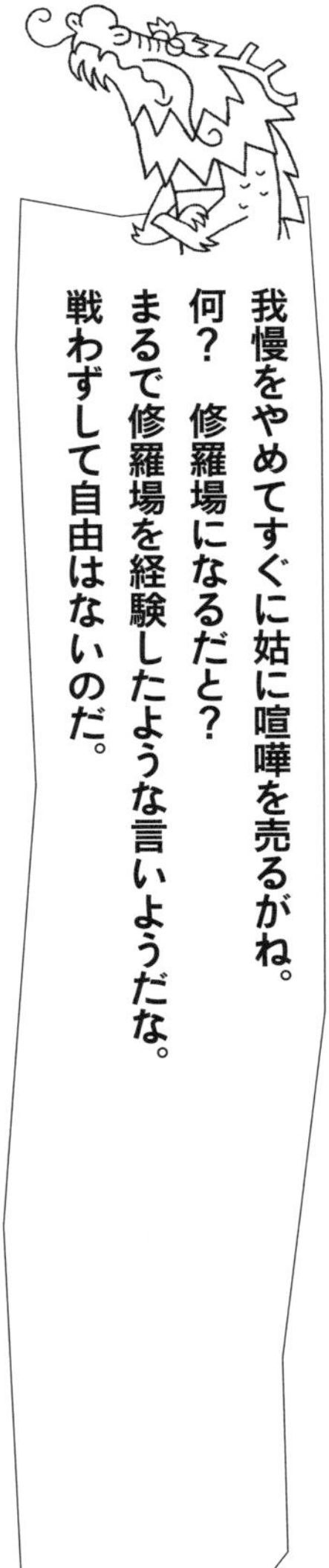
我慢をやめてすぐに姑に喧嘩を売るがね。
何？　修羅場になるだと？
まるで修羅場を経験したような言いようだな。
戦わずして自由はないのだ。

嫁と姑の問題。
これは永遠の課題かもしれません。
姑のイジメ、意地悪。そんな話は時代も場所も関係なく聞く話です。
これはなぜでしょうか？

長年人間を観察してきたガガさんによれば、大きく分けてふたつのパターンがあるそうです。

ひとつめは、**母子の関係が強すぎるパターン**。

特に日本では核家族化が進んだことや、長時間労働や単身赴任で父親の不在が多いことで夫婦関係よりも母子関係が強くなってしまう。

その場合、息子への依存度が高まって、「可愛い息子を嫁に取られた！」と本気で思ってしまう人も多いようです。

ふたつめは、**「自分も意地悪をされたから」というパターン**。

この場合は、自分もされたんだからと自己を正当化しています。

強い人の行動と同じことをすることで、自分は強いと言い聞かせて自尊心を保っているわけです。

いずれの場合も、簡単に改善するのは難しい問題です。

まあ、だからいつの時代も嫁姑問題は絶えないのでしょう。

では、どうすればいいか？

ガガさんは、

「我慢をやめてすぐに姑に喧嘩を売るがね」

と言っています。

これはどういうことかというと、あなたにとって一番大事なものは何か？　ということ。

あなたにとって一番大事なのは、「自分自身」です。

あなたが健康でなければ、大切な人にご飯を作ることも、守ってあげることも、楽しい時間を共有することもできません。

その最も大事な自分自身が、姑の攻撃を黙って我慢することで精神的に病《や》んでしまったら元も子もありません。

「ストレス」を溜め込むのが一番良くないのです。

そのために、不満があればそれを直接伝えることが大切。

もちろんそれには大きな勇気が必要でしょう。

ですが、すべては自分を守るため。

自分がなぜ不満に感じているのか？

それを勇気を持って姑に伝える。

腹を割って自分の考え、意見を言うことで、相手もあなたがどういう人間かがわかるはずです。

しっかり自己主張できる人間はナメられません。

人間と人間、対等な立場で話ができれば理想的ですが、まあそう簡単にいかないのが世の常。

本気で喧嘩する覚悟を持って言うべきことを言う。

その姿勢があなた自身を守ることになるのは間違いありません。

もし、それでもわかってもらえなければ、ビジネス的な対応だけしていればいいのです。

そのくらいの割り切りを持つ。人生には時には覚悟も必要です。

ガガの言葉

腹を割って言いたいことは言う。それでダメなら、それなりにつき合えばいいだけさ。

【お悩み】

私の親は毒親です。毎日監視されているようで、息が詰まります。この過干渉から抜け出す方法はないでしょうか？

一緒にいる限りは無理だがね。お前が外の世界へ飛び出すか、逆にあれこれ干渉してみたまえ。自分がされて困ることをあえてする。毒を以て毒を制す。これもひとつの方法さ。

最近は、親の過干渉や過保護が問題になっています。

しかし、**「過干渉」と「過保護」は似ているように見えて、実はまったく異なるもの**です。

過保護は、子どものやりたいことを親がさせすぎるケースです。この場合は、子どもは自分のやりたいことをやっているので、ストレスを感じることは少ないです。

自立が遅れるということも昔は言われましたが、ガガさんの話ではやりたいことをすることで満足するぶん、逆に自立が早まることも多いそうです。

問題なのは「過干渉」な場合です。

子どものすることを親が干渉して決めてしまうので、子どもはやりたいことができずにストレスを抱えてしまいます。

しかも親としては、「この子のためにしてあげている」という気持ちでいるので、自分が過干渉であることに気づいていないケースがほとんど。

だからこそ、ガガさんが言う「逆にあれこれ干渉してみる」という行為が効果的なわけです。

自分がどのように感じているか?

それを親にも知ってもらう。

友達づき合いに口出しされたら、親の交友関係に口出ししてあげましょう。

「あの人と仲良くするのは良くないんじゃない?」

「もっと、意義のある友人を作ったほうがいいんじゃない?」

まあ、親は怒るでしょうね。

だけど怒ってもらわなくては、自分の息が詰まるような気持ちをわかってもらうことはできません。

「子どもなんだから」

「こうあるべきなのよ」

と、親の理想を押し付けようとするのも過干渉の特徴です。

だから当然、命令口調も多くなります。

「～しなさい」

「～するのはやめなさい」などなど。

そんな感じです。

そういうときは、

「親なんだから」

「こういう態度は良くないと思うよ」

と、子どもの理想を押し付けてしまいましょう。

子どもは親の言うことを聞くのが当たり前、という思い込みを叩き壊すのです。

そして**子どもは子どもとしての意見をしっかり持つこと。**

多くの場合、過干渉な親の元で育った子どもは、全部親の意見に従ってきたために、自分で考えることができなくなってしまいます。

それでは社会に出てから苦労しますよ。

まずは、親に自分の意見を面と向かって言ってみる。

親のすることに口を出してみる。

そこから、お互いが対等な立場で話せる環境ができていけばいい。それが一番です。

ガガの言葉

過干渉な親にはその意識がない。
だからこそ、
子どもの理想を押し付けるのだよ。

【開運コラム1】 人間関係・家庭編

神様をも魅了した笑顔の魔力

「運が良くなるには？」

「神様に好かれるには？」

そう聞かれたときに僕が言う言葉は決まっています。

「人に好かれてください」

もう、これしかありません。

考えてもみてください。

神様も龍神様も、人間に運を授けてくれる存在ですが、肉体はありません。

ですから直接、僕たちの前に現れて手を差し伸べてくれたり、仕事を手伝ってくれたりすることはできません。

ではどのように運を授けるかというと、「人との縁」という形で後押ししてくれるのです。

つまり、神様の代わりに助けてくれる誰かと巡り合わせるように取り計らってくれるということ。

特に龍神様はこの縁を結ぶのが大得意ですから、神様の指示で頻繁に僕たちの縁を結んでくれているわけです。

プロ野球選手になりたい、という夢があれば良い指導者や学校関係者との縁を結ぶ。

小説家になりたい、という夢があれば良い編集者や出版関係者と縁を結ぶ。

結婚したい、という夢であれば良いパートナーやその紹介者との縁を結ぶ。

そうやって、縁という形で運を授けてくれるわけです。

ですから、身の回りで、

「偶然、会いたい人に会えた」

「望んでいた人材と巡り合えた」

そんな「ナイスタイミング！」と感じる出来事があったら、それは神様や龍神様が結んでくれた縁だと思って、感謝しましょう。

感謝してもらえれば苦労して縁を結んでくれた龍神様が喜んでくださいます。

もしかすると、もっとすごい縁を結んでくれるかもしれません。

ですがその先、結んでくれた縁を活かせるかどうかは、その人の人間力にかかってきます。良い人間関係を築けなければ、せっかく結んでもらった縁が台無しになってしまう。だからこそ、神様や龍神様に好かれたいのであれば、普段から良い人間関係を築ける人になるのが一番。

そもそも、人には嫌われるのに神様にだけは好かれているなんて、そんなことはありません。神様に好かれる人は、人にも好かれる。これが正解。

では、そんな良好な人間関係を築くにはどうすればよいでしょう？

ガガさんによれば、大事なことはふたつ。

ひとつは「笑顔」です。

笑顔が嫌いな人はいません。

もし、いるとすれば相当ひねくれた人ですから、つき合う必要はないです。ひねくれ者は百害あって一利なし、そう思って放っておきましょう。

無理につき合うとあなたの運が悪くなります。

『古事記』の世界でも、天岩屋戸《あまのいわやど》にお隠れになったアマテラスを連れ出すのに大きな力を発揮したのが笑いでした。神々の楽しそうな笑い声に引き寄せられ、自ら岩屋戸を開けて出てこられたわけです。

日本の最高神アマテラスまでをも魅了した笑顔を振りまける人には、人間だけでなく神様だって魅了されます。それだけ笑顔は幸せの素だということ。

早速、鏡の前で笑顔の練習をしてみましょう。善は急げです。

そして、ふたつめが「共感力」です。

具体的には、「自分がこの人の立場なら、こういうふうに感じるだろう」と相手のことを理解できる力。簡単に言えば人の気持ちを汲《く》める人のことです。

神様は周りの人を喜ばせる人を大変好みます。だから、この共感力はとても重要なところ。なぜなら、そういう人は相手が望むこと、求めていることが理解できますから、それに応えることができます。しかも周りの人のニーズがわかるから、仕事もうまくいきやすい。当然、信頼度も上がる。信頼されると、どういうわけか必要なものや人がどんどん巡ってくるんです。

そのうえ、神様や龍神様にまで好かれるんですから、もう良いこと尽くめです。

そんなの無理？　大丈夫、あなたもできますから。

「人の話をよく聞く」んです。ね？　びっくりするほど簡単でしょう？

人の話を最後まで聞く。否定や反論をしないことがポイントです。

時折、相槌《あいづち》を交えながら、相手の言葉の一部をリピートするといいでしょう。

ちゃんと聞いてくれているな、と相手も安心して心の内を話してくれるようになります。

このように相手のことを考えられる人になれば、相手もあなたのことを考えてくれるようになり、良い関係に変化していきます。

「笑顔」と「共感力」で、人間関係を円滑にすることで、神様も龍神様も安心してあなたが望む縁をつないでくれるはずです。

人間関係を良好にして、いつ神様や龍神様が縁を結んでくれてもそれに応えられる人になる。

それが開運の第一歩です。

だからこそ、僕も「人間関係」のお悩みを第1章に設定したのです。

第2章 仕事・勉強のお悩み

【お悩み】

**仕事が長続きせずに転職を繰り返しています。
一生懸命やっているつもりですが、
いつもやむを得ない事情で辞めざるを得なくなります。
どうすればいいでしょう？**

長続きしないのは、お前の事情かね？
会社は社員のためにあるのではない。
自分の好きな環境で仕事をしたければ、
自分の会社を作りたまえ。
文句を言うなら自分でやるがね。
そもそもやむを得ない事情とは何かね？

人間は生活のためには働かなくてはいけません。
でも仕事への不満は誰もが持っている悩みだと思います。

さて、ここで考えてみましょう。

あなたの言う、やむを得ない事情がどのようなものかはわかりません。

でもひとつだけ、それぞれの会社を辞めた経緯に共通することがあります。

それは「辞めたのはあなた」だということ。

ということは、すべてに共通する「あなた自身」に何か原因があるのではないでしょうか？


不満のない仕事、会社というのは、まずありません。

それでも人が仕事を辞めないのは、それを我慢してでも乗り越えるべき大事なものがあるからです。


それは「やりがい」「支えるべき家族」「自分の生活」など人それぞれです。

仕事への不満を乗り越えてでも守りたい大切なもののために人は仕事をしています。

あなたが仕事をする理由はなんでしょう？

生活のため？　子どもの養育費のため？　家のローンのため？　趣味のため？

そしてそれは仕事への不満を乗り越えるに値しないことでしょうか？

もし、値しないと思うのであれば仕事を辞めればいいでしょう。

でもそのために家族が生活できない、親に助けてもらわないといけない、そんなふうに人に迷惑をかけることになるのであれば、あなたの優先順位は間違っています。

神様も、

「ああ、この人は生活や家族は大事じゃないのだな」

と判断します。

そうするともう助けてはくれません。だってあなた自身がそれを大事にしていないんですから。

まず**自分にとって大事なのは何か？** それを考えてみてください。

会社が悪い、仕事が悪いと相手のせいにするのは簡単です。

ですがその前に、

「自分に直すべきところはないか？」

「自分にとって大切なものは何か？」

それを考えてみることです。

ここまで言うと、

「じゃ、ブラック企業ではどうなんだ？」

という声が聞こえてきそうですね。

たしかにブラック企業と呼ばれる職場があるのも現実です。

万が一、そういう会社に入ってしまった場合も優先順位です。

仕事がきつくて身体を壊したり、病気になったりすれば、結局人に迷惑をかけます。

健康的な生活ができなくなり、家族や友人も心配します。

そうやって大切なものを守れなくなっては意味がありません。

即刻辞めて他の仕事を探しましょう。

自分の身体を大事にする。命を守る。それがこの場合の優先順位の第一になるのです。

ガガの言葉

自分はなんのために働くのか？
胸に手を当てて、一度考えてみたまえ。

【お悩み】

大事なプレゼンのとき、いつもあがってしまい力を発揮できません。龍神おススメのリラックス法はありますか？

**人前に立つときの緊張は本来良いものだ。
その気持ちが場を引き締める。
しかし、力が発揮できんのでは困る。
リラックスより度胸なのだよ。
数名でカラオケに行き、
難しい歌を真面目に歌うのだ。
繰り返すうちに度胸がつくがね。**

良いパフォーマンスをするためには、ある程度の緊張は必要です。
しっかりと準備を重ねてきたからこそ、「きちんとやらなければ」「これだけ準備したから失敗したくない」という気持ちが強くなる。

つまり、それだけ準備を怠らなかった証拠というわけです。

しかし、あまりにも緊張しすぎて力を発揮できなければ意味がありません。

では、どうすればいいでしょうか?

まず、緊張しすぎないために必要なのは自信です。

そして自信をつけるための唯一の方法は練習しかありません。

自信をつけるのに近道はないということです。

その証拠に、ガガさんも、

「長年人間を見続けてきたが、**良い講演を行っているヤツ、人を魅了する話をするヤツは、共通して『徹底的に練習している』**のだ」

と言っています。

よく、「あれは才能だよ」なんて言う人もいますが、そんな才能ある人も陰ではちゃんと努力しているんです。

ちなみに僕も、講演会の前には繰り返し練習して、自分の様子を動画で撮影してもらっています。

もし自分の様子を見るのが恥ずかしいというのであれば、それを見る人はもっと恥ずかしくなります。わかるでしょ？　人前でモジモジされるとどこを見ていいかわからない。なんだかもう、見るほうもやるほうも変な感じになってしまいます。

解決法としては、誰かに練習しているのを見てもらうことです。家族でも友達でもいい。

そして、

「理解できたか？」

「どう感じたか？」

忌憚《きたん》のない意見を聞きます。

批判的な意見ほど、よく聞くようにするといいです。

なぜなら自分が「恥ずかしい」と感じるポイントは批判的な部分にこそ隠されていることが多いから。

それを繰り返すことでだんだん恥ずかしい部分が減り、いつしか自信が出てきます。

スゴイ人であればあるほど日頃からの練習は欠かさないいんですよね。

小泉進次郎衆議院議員の演説を僕も聞いたことがありますが、聴衆を魅了するそのパフォーマンスに、

「父親譲りの天才だ……」

と感じたのを覚えています。

ですが進次郎さんも、最初は街頭演説をするたびにＩＣレコーダーで録音し、夜寝る前に必ず聞いていたんだそうです。

支援者の人に聞いてもらっては、率直な意見を聞いた。

どんな人でも練習を繰り返しているんですね。

その結果として確固たる自信が生まれ、良いパフォーマンスができるくらいの適度な緊張感で挑むことができるはずです。

ガガの言葉

訓練は嘘をつかぬ。自分を育てるがね。

緊張しても命を取られることはない。

【お悩み】
いつも自分だけ嫌な仕事や面倒な仕事を押し付けられます。損な役回りから脱出したいです！

損な役回りは、後々に得をする。
ただし、喜んで損を引き受けた場合に限るがね。
後々の得よりも、自由になりたいならば、
その意思をちゃんと伝えたまえ。
「今回はするけど、私にも都合があるの。
次からはもっと早くに言ってね」
これで十分な意思表示になる。

まず、知っていただきたいのは、

「周りの人のために時間を使える人は、神様に愛される」

ということ。

時間というのは有限です。

その**時間こそ、神様からもらった命そのもの**と言ってもいいでしょう。

その**有限な時間を周りの人のために進んで使おうという人は、それだけで神様に愛されます。**

後々、必ず運が巡ってくることをお約束しましょう。

ちなみに僕自身の話ですが、住んでいるマンションで数年前に管理組合の理事長を任されることになりました。

大規模修繕工事の時期も迫っており、正直「面倒だなあ」とも感じましたが、ガガさんからこの事実を聞いていたので気持ちを切り替え、喜んで引き受けることにしました。

するとどうでしょう。スルスルと出版が決まり、デビュー作『妻に龍が付きまして…』(東邦出版)は、みるみるベストセラーになったではありませんか!

僕は結果的に理事長を2期務め、無事に大規模修繕工事も終えることができました。

喜んで他人のために時間を使ったことで、運が巡ってきたのを体験した出来事でした。

しかし、ガガさんの言う通り、それは進んで受け入れた場合に限ります。

「本当はやりたくないけれど、断れなかった」

「嫌だけど、仕方なく」

という姿勢では運気が巡ることはありません。

ですから、そんなときはキッパリと「NO」と言うことが大事です。

あなたは、嫌であれば、「嫌だ！」と一度でも言ったことがあるでしょうか？

意思表示しなければ、相手には伝わりません。

もしかすると、「あの人は断らないから」と、他の人が嫌がる仕事を押し付けられている可能性もあります。

だからこそ、自分の意思をしっかりと伝えることが必要なんです。

自己確立ができている人にナメた態度をとる人は、なかなかいませんから。

それでも、立場上断りづらい場合もあるでしょう。

特に上司や先輩からの依頼は断りづらいものです。

そういうときは、3回に1回でも、4回に1回でもいいので断ってみることです。

できる範囲で構いません。

「この人も断ることがあるのか」

ということがわかれば、少しずつでも無茶な要求は減るはずです。

どんなときでも自分の意思・意見をしっかり言える。
そんな人には周りの人もきちんと接するようになります。

逆に意思がなく、雰囲気に流されるような人は、「うまく巻き込んでやろう」「これ、押し付けちゃえ」という悪意に付け込まれやすくなり、神様にも気持ちが伝わりにくくなってしまいます。これでは困りますよね？

しっかりと自分の意見を言えるように、少しずつ訓練してみるといいでしょう。

ガガの言葉

どうせやるなら喜んで引き受けたまえ。
嫌ならきっぱり断る勇気を持つがね。

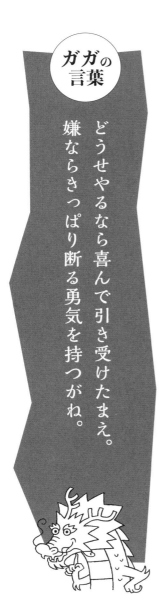

【お悩み】

職場の上司がネチネチと文句ばかり言ってきて雰囲気も悪いです。人間関係も悪くなりがちで……。どうすればいいでしょう？

仲間を作って上司を除《の》け者にしたまえ。
ただし、その上司にも立場がある。
それを少し考えたうえで、少々お灸をすえてやるがね。
よほどの馬鹿でない限り、ネチっこさは直るだろう。

もし、その上司に問題があるということであれば、周りの人たちを味方に付けてその上司を除け者にしましょう。

もし、あなたの意見に賛同する人がいるのであれば、きっと成功するでしょう。上司も自分の行動を改めてくれるはずです。

しかし、そのためにどれだけの人が協力してくれるかが問題です。

「上司のほうが正しい」

「性格は悪いけど、仕事はできるから」

「私は、そんなに気にならない」

という人が多いようであれば、あなたの意見は少数派ということになります。

周りの人は、そんなことをするよりも今の状態を選択したということになります。

また、上司を除け者にしたことで仕事の効率が下がって、会社の業績が落ちるようであれば本末転倒です。

もちろん、会社の業績や給料よりも、環境が良くなったほうが良ければ問題ありませんが。

そう。**ここで大事なのは、あなたを含めた会社の人たちが何を望んでいるのか？　ということ**です。

当然、良い雰囲気の中で気持ちよく仕事ができて、業績も良くなれば最高です。こんな良いことはありません。

ですが、そう理想通りにいかないのが人間社会というものです。

理想を求めたらきりがありません。

多かれ少なかれ、誰でも不満を抱えた状態で生きているんです。

いろんな人がいるのが人間社会と、割り切ってつき合うことも大事ということ。

とはいえ例外の場合もあります。

もしあなたが職場環境に耐えられずに身体を壊してしまうということであれば、そんな会社はすぐに辞めてしまうのが良いでしょう。

何よりも身体、命が一番大事ですから。

そういうときに「せっかく長く働いてきたから」とか「次の職場が見つかるか不安」と手放すことを恐れると状況は変わらないどころか、悪化する一方です。

動物には本来そなわっている本能があります。

それが「生きる」ということ。

生きるためには「戦う」か「逃げる」かの判断を迫られるときがあります。

もし、戦っても勝てないと判断したとき、躊躇《ちゅうちょ》なく逃げられるか？

それが生死を分ける。だけど、そこまで深刻な状態でなければ、上司は「そういう人」と割り切って、つき合うことをおススメします。

先ほど言ったように人間社会にはいろんな人が混在しています。

良い人から悪い人まで、それはもう幅広く。そして、その上司もその中の一人にすぎません。

もし、この上司が改心したり、他の部署に異動しても、次の上司が素晴らしい人格者かどうかはわかりません。

下手をしたらもっとヒドイ性格の人かもしれません。

何も死ぬまでつき合うわけではないんです。

そう割り切るのが一番シンプルではないでしょうか?

時には同じ思いをしている同僚と話をするだけでも、気持ちは楽になるものですしね。

ガガの言葉

死ぬまで一緒にいるわけではないのだ。

もっと気楽に考えるがね。

【お悩み】

部下や後輩がなかなか仕事を覚えてくれず、
いつまでも期待に応えてくれません。
どうすればうまく部下を育てられるでしょうか？

仕事を覚えない＝《イコール》責任感がないということ。
まともな部下を育てたいなら、
「責任感のある信頼に足る人物」に自分自身が変わることだ。
責任感や期待に応えられるオーラは伝染する。
まずは周りではなく、自らを省みるがね。

世の中には法則があります。
それは、自分のしたことがそのまま返ってくるということ。
これはどんなことでも当てはまりますので、ちょっと気にしてみてください。

このご質問者の場合、「いつまでも期待に応えてくれない」と言っていますが、ではあなたは「自分はその部下の期待に応えているのか？」と省みるといいでしょう。

部下はロボットではありません。感情があります。

ですから、「言われたからやる」ではなく、「自らやりたい」と行動してくれるようになって初めて期待に応えるような働きをしてくれるもの。

では、**信頼に足る上司**とはどんな人を指すでしょうか？

ガガさんによれば、**大きなポイントはふたつ。**

ひとつめは、

・具体的な目標を設定し、進捗管理をする

ということです。

ただ「これをやれ」「あれをしろ」と言われるだけでは、たとえるなら目の前の山を指差して漠然と「あの山に登れ」と言っているようなもの。

これでは部下も具体的に何を目指していいのかわかりません。

ですから、具体的に目標を設定してあげ、逐一進捗を確認してあげましょう。

人間は、目標をクリアすることで大きな喜びと達成感を得るものです。

日々の進捗を確認することで、「ちゃんと見てくれている」「気にかけてくれている」という信頼関係も芽生えるはずです。

そして設定する目標についても、「なぜその目標が必要なのか？」を明確に伝えることが大事です。

与えられた仕事の重要性を知ることで、部下のやる気も断然違ってきます。仕事のペースも上げることができるでしょう。

逆に目標設定やその理由が曖昧《あいまい》でわかりにくかったりすると、モチベーションも上がらず、だらだらと時間だけが過ぎていくケースが多く見られます。

そして、**ポイントのふたつめ**が、

・部下の言うことに耳を傾ける

ことです。

目標設定し、進捗を管理したとしても、部下の言い分を聞けなければ、ただ仕事を機械的に押し付けているだけになってしまいます。

そこで必要になってくるのが、

「部下の言い分にも耳を傾ける」

という姿勢です。

部下を一人の人間として信頼して尊重する。

会社などの組織で仕事を進めるうえでは人間関係が及ぼす影響は軽視できません。

上司と部下、同僚たちが協力的で斬新な意見でも率先して耳を傾けられる職場になれば全体の創造性は一層高まります。仕事の効率も格段に上がるものです。

部下に期待に応えてほしければ、まず自らが信頼に足る先輩、上司になれるよう心がけましょう。

決して、上から目線になったり、「私が新人のころは」などと過去の栄光を自慢することがないよう注意しましょう。そういう上司が最も嫌われますからね。

ガガの言葉

期待に応えてほしければ、
信頼されるよう努力する。
先に与えることを忘れてはならんがね。

【お悩み】


同期や後輩が先に出世していくことに焦りを感じています。

自分のほうが頑張っているのに評価してもらえません。

これ以上、どうすればいいんでしょうか？

数字だけで評価される仕事は楽なのだ。
なぜなら「成績」さえ上げれば良いのだからな。
しかし、人事とは数字だけではない。
普段の好感度というものが効いてくるのが世の常さ。
周りを変えるのではなく、
評価されるべき人間になるよう精進したまえ。

「仕事はちゃんとできているのに出世しない」

「成績を上げているのに全然偉くなれない」

「どうしてあいつが俺より先に出世するんだ？」

夜の居酒屋。そんな愚痴を肴《さかな》にお酒を飲んで酔っ払っている世のお父さん、多い気がします（昔は僕もそうだったかも）。

そんな人たちを見てガガさんが放った厳しい一言。

「それはお前が嫌われているからだがね。答えはシンプルさ」

仕事の評価をするのは人間です。

そして昇進できないのであれば、その人物から評価されていないということになります。

ここで言う評価というのは、ただの好き嫌いという意味ではありません。

「その人物の期待に応えていない」

ということにほかなりません。

偉くなれば、ただ数字を上げればいいってわけにはいかないんです。

部下の育成やチームを統制するリーダーシップ能力だって問われてきます。

もちろん仕事によって、ほかにも求められるものは変わってきますしね。

まず、初めにしなければならないことは、

「自分に求められているものは何か？」

「どんな期待をされているのか？」

それを知ることです。

相手の満足に応えるためには、相手が求めているものがわからなければその期待に応えることは絶対にできないのだと、肝に銘じましょう。

そしてガガさんからもうひとつアドバイスがあります。

それが、

「他人の目を気にせずにやりたまえ」

ということです。

これは一見、相手の期待に応えることと矛盾しているように感じるかもしれませんが、違います。

ここでお伝えしたいのは、「出世する人は、他の人がやろうとしないことをしている」という事実。

龍神たちが長年人間を見てきて得た結論がこれ。

もちろん出世だけでなく、社会で認められている「成功者」と言われている人たちにも共通するのがこれです。

「どうせできっこない」

「そんなことやるなんで馬鹿だ」

そんな**周りの声を気にせずにやるべき仕事をできる人が、結果的に大きく出世しています。**

そうした行為は時に傲慢《ごうまん》に見えることもあるでしょう。

傲慢に見えつつも、相手や周りにも配慮できる心配り。

それをバランスよく併せ持つことができれば、あなたもきっと満足できる結果を出せるはずです。

ガガの言葉

周りの目は気にしないことだ。
しかし、心配りを忘れるな。
世の中はそのバランスさ。

【お悩み】

やるべき仕事がわからず、
優先順位の低いことばかりをやって周りに迷惑をかけてしまいます。
何か良い方法はないでしょうか？

わからぬなら、なぜ聞かんのだ？
聞けば解決するのではないか？
そして、一度聞いたらそれを頭に叩き込みたまえ。
叩き込めないならメモを取れ。
自分だけの虎の巻を作るのだ。
そして普段の生活から、何を優先すべきか？
それを訓練すると良いだろう。

優先順位をつけることができない人の特徴として挙げられるのが、

・身の回りが汚い

・片付いていない

この2点です。

職場のデスク、自分の部屋、パソコンのデスクトップ画面など、きちんと整理されているでしょうか?

優先順位をつけられない人は、物事を選択、判断することができません。

「必要なもの」「必要でないもの」の区別もできないので、身の回りも本来捨てるべきものまで散乱している状態が多くなってしまうんです。

目に見えるものの優先順位もつけられない人が、仕事の優先順位をつけられるはずがありません。

そこでガガさんがおススメする一番の方法が、「人に聞いてみる」です。

職場の同僚や先輩などに相談して、まず何から着手するべきかを決めるのです。

「岡目八目《おかめはちもく》」という言葉がありますが、周りの人のほうが冷静に的確な判断ができる場合もあるんですね。

そして、なぜそれを選んだのかを聞いて、しっかり頭に叩き込む。

覚える自信がないのなら、メモを取りましょう。僕たちもガガさんに教えてもらったことは逐一「龍神の教えノート」に書き留めています。

なんせ、人間は忘れる生き物ですから。

そうやって、正しい選択ができるように一つひとつ覚えていくのです。

紙に書き出してみるのもおススメの方法です。

これは僕も会社員時代にやっていたことですが、会社で自分がやるべきことを書き出して目に見えるところに貼っておきます。

そして仕事の順番を決める**「自分なりの基準」**を持つんです。

僕の場合は、

1．締め切りの早いもの

2．すぐに終わらせられる（着手できる）もの

と、自分なりの基準に従って順番を決めていました。

普段の生活の中でも、訓練してみるといいでしょう。

身の回りのものを整理するにも「いるもの」「いらないもの」を選別する。

1年以上使っていないものはしまう。

2年以上使っていないものは捨てる。

という感じで自分なりのルールを決めてみる。

そうやって普段から目に見えるものに優先順位をつけることで、自然と取捨選択の訓練ができるようになっていきます。

何より優先順位がつけられるようになると、自然と仕事ができる人に変化します。

全体の流れや動きをイメージでつかめるので、仕事がひとつ終われば、すぐに次にやるべき仕事に取りかかることができるようになる。

他の人よりも仕事ができるようになれば、評価も高くなるのは当然です。

ぜひ、試してみてください。実感できると思いますよ。

ガガの言葉

わからないなら聞いてみる。書いてみる。
知ると行う。ダブルでレッツ開運だがね。

【お悩み】

派遣社員です。更新時期が近づくたびに、契約を切られないかと不安です

今の世の中、正社員でも安泰はないがね。しかし、優れた者は必ずどこかから声がかかるのだ。これだけは負けない、という分野でトップになるよう努力したまえ。道が拓けるだろう。

このご時世、正社員だから大丈夫ということはありません。

そんな中、みんなが「不安」と戦いながら生きています。それも悲しいことですが、ならばどうすればいいかを教えてくれるのが、龍神ガガのすごいところです。

まず認識してほしいのは、

「不安を抱えているのは自分だけではない」

ということ。

現在の雇用者全体の約４割が非正規社員という統計があります〈総務省統計局「労働力調査（詳細集計）平成30年（２０１８年）平均（速報）」参照〉。

人間は、先がわかりませんからみんな不安を抱えています。もし、不安がないという人がいるとすれば、それは自信過剰な人かただの馬鹿と考えていいでしょう。

では、どうすればその不安を払拭《ふっしょく》できるか？

それはもう、動くしかないんですね。行動するしかない。

「目の前のするべきことに一生懸命に取り組む」

それしかありません。笑っちゃうほど当たり前なんですけれど、これが答えなんです。

とはいえ、ただ仕事でもプライベートでも、言われたことだけやっているのでは、いつまで経っても不安がなくなることはない。

どうせするのであれば、「世界一を目指してやる！」という気持ちでするんです。

「経理の仕事なら私は誰にも負けない」

「僕以上の設計ができる人はほかにいない」

「私の営業に敵《かな》う人はいない」

「僕の皿洗い技術は日本一、いや世界一だ」

どうせやらなければならない仕事ならば、その第一人者になるくらいの気持ちで取り組むんです。

小さな仕事でも、

「任されたからには、期待以上の成果を見せてやる！」

その気持ちがあれば、不安を感じている暇って本当にないんですよね。

そのために自分に必要なことを考え、学び、実践していく。

その意気込みと行動が、自分のスキルを上げていくのです。

そうすれば、自然と自分に自信もついてきますし、仕事ぶりが認められれば正社員の誘いがくるかもしれません。

他の会社からヘッドハンティングされるかもしれないし、自ら起業する道だって拓けてくるのです。そういう人をたくさん見てきました。

僕は現代において必要な人材とは、元プロ野球選手のイチローさんのような人だと思っています。

彼の打撃フォームを見ていると、その年によって微妙な変化があることに気づきます。

彼は自らの体力の変化や相手ピッチャーに合わせ常に打撃フォームに改良を加えて自分を進化させ続けてきました。

日本やアメリカで大きな記録を打ち立ててきた彼でさえ、ファンの期待以上のパフォーマンスを見せるために自らを変化させてきたのです。

そうやって、

「自分はこれだけは誰にも負けない」

という自信を自ら作り出していたと言えるでしょう。

あなたは誰にも負けないもの、ありますか？

ガガの言葉

行動せんから不安になるのだ。

動け動け、運命は自分で動かすのだよ。

【お悩み】

社内の昇進試験を受けていますが、いつも不合格です。次の試験が最後のチャンスです。なんとか合格できる方法を教えていただけませんでしょうか？お願いします！

向いていないのではないかね？何度も落ちるというのはよほどの馬鹿か、あるいは方向転換を図れというサインでもあるのだ。今度落ちたら諦めて、新しい仕事をするのも手だがね。

社内の昇進試験を何度も受験しては落ちているということですが、その原因はわかっているのでしょうか？

大事なのはそこです。

何度も試験に落ちてしまう人の大きな原因はふたつ。

ひとつめは、**勉強する時間を取っていない（していない）。もしくは、足りない。**

ふたつめは、**勉強の仕方が間違っている。**

まず、ひとつめの勉強する時間を取っていない場合ですが、これは試験を受ける以前の問題です。

合格したいのであれば、きちんと勉強する必要があります。

そして大事なのは、この勉強には過去に受けた試験の見直しも含まれるということ。

特に何度も試験を受けている人の場合は、いくつも過去の問題があるはずです。

もし答案を返却してしまい、手元にない場合でも、終了後にどんな問題が出たかを書き留めておけばいいだけです。

そして試験に合格する人というのは多くの場合、自分の答案の見直しをしています。

解けなかった場合でも、次に受けるときのために問題を見直して、次にはちゃんと解けるようにするのです。

論文などの場合でも、合格した人はどんな内容を書いたのか？　その傾向を聞く。すると、どんな内容が採点者に響くかを考えることができます。

自分ができなかったことを素直に認めて改めることで、初めてそれを補うためのステップに進める。それが成長です。

しかし、試験に落ちる人は、この作業をしない場合が圧倒的に多いんです。

学校の定期テストでも入試試験でも同じで、間違えた問題を見て、できなかった自分を認識するのが嫌で終わった答案はすぐに鞄《かばん》に入れてしまう。捨ててしまう。

あなたはどちらのタイプだったでしょうか？

もし後者なら、すぐに前者のような意識を持つことをおススメします。

できない自分を認めなければ、できるようには決してなりません。

そしてふたつめは、勉強の仕方が間違っている場合です。

この場合に多いのが必死に暗記するというケース。

実は暗記というのは、頭を使う必要のないとても楽な手法なんです。

ですが、応用問題が出ると通用しなくなる。

ですから、しっかりと頭を使う勉強方法に切り替えたほうがいいでしょう。

具体的には、

「なぜこうなるのか？」「出題者は何を求めているのか？」

それをきちんと理解したうえで問題を解けるようにすることです。

これは、社会生活でも同じです。

「これはこういうもの」と、疑問に思わなければ自分の頭で考えることはありません。

「あの人がこう言ったから」では、いつまでも本質はわからないままです。

日頃から、「なぜ?」「どうして?」と、考える癖をつけておく。

それが、世の中をスムーズに生きていけるコツだと偉大なる龍神は言います。

もし、これを実践しても試験に落ちるようであれば、ガガさんの言う通り向いていないということでしょう。

今の仕事に見切りをつけて新しい仕事をするのも、また道だと思います。

ガガの言葉

試験に落ちるにも理由があるがね。原因を見つけて最後の挑戦をしたまえ。

【お悩み】

今年、娘が高校受験ですが、まったく勉強しません。母親の私ばかりが気をもんでいます。どうすれば身を入れて勉強してくれるようになるのでしょうか？

本人がその気にならなければ無理だがね。
高校など行かずにいっそ働かせたまえ。
一度、外に出て働けば世の中がわかるがね。
長い人生だ、
1年や2年回り道をしても良いではないか。

お聞きします。「高校に入りたい」というのはあなたの望みでしょうか？　それとも娘さんの望みでしょうか？

大事なのは、娘さんご本人が、

「高校に入りたい！」

「受験で合格したい！」

という意志を持っているのかということです。

その意志がなければガガさんの言う通り、いくら「勉強しろ」と言ったところでどうしようもありません。無理です。

まず、教育の目的とはなんでしょう？

それは親の理想を押し付けることでも、親の叶えられなかった夢を代行させるためでもありません。

教育の目的とは、「子どもが自立した社会人」になることです。

ガガさんによれば、そのために必要なのが、
- **自己肯定**
- **自己効力感**

のふたつなんだそうです。

自己肯定とは、欠点も含めて自分を肯定できること。

「自分は自分」「私はこれでいいんだ」そう思える力です。

これは親に「○○しなさい」「○○しちゃダメでしょ」と命令口調で言われ続けていては絶対に育ちません。

「あなたが生まれてきて幸せ」という言葉から始まり、認め、褒めることで育っていきます。

次に、アドバイスを送り何かをやり遂げさせ達成感を味わわせることで、自己効力感を育てていきます。

簡単に言えば「自分はできるんだ」という感覚です。

自分を認め、そしてできる自分を信じて行動することで、人は自立していきます。

それをサポートするのが親の役目です。

親は子どもが何かを選択できるようにサポートすることで、子どもの自立心を養う。

ただし、あくまでも最後に決断するのは子どもであることを忘れてはいけません。

「この高校に行きなさい」ではなく、「この高校に行けば、こういういいことがある」というアドバイスを送る。

「高校に行かないならば、働く道を選ぶことになる。その道にはどんな苦労があるか」ということを教える。

もし、そこで高校に行かない道を選んだとしてもいいじゃないですか。
それは本人が選んだ道。
そして、そういう考え方をする育て方をしてきたのも親のあなたなんです。
間違っていたなら、ここからやり直すこともできます。遅くなんかない。
1年遅れで高校に入る人もいます。僕のころだって学年に一人や二人はいました。
失敗でも成功でも、その経験は必ず何かにつながり、人間は大きくなっていく。
そういう気持ちで娘さんと話してみてはいかがでしょう。
そこから大きく何かが変わると思います。

ガガの言葉

教育とは、自立した大人にする道しるべだ。思いを伝え、相手の思いも受け止めろ。

【開運コラム2】 仕事・勉強編

「働く」に込められた本当の意味とは？

「働くとはどういう意味かわかるかね？」

これはガガさんと出会ったころに最初に問われた質問です。

恥ずかしながら、その時の僕は明確な答えを持っていませんでした。

「お金を得るため」

「生活するため」

そんなありきたりな答えを並べたのを思い出します。

ですが、僕もようやくその答えをはっきり言えるようになりました。

「『働く（はたらく）』とは、傍（はた）を楽（らく）にする、という意味なのです」

傍《はた》とは、「他者」を指します。つまり、働くとは他の人を楽にする行為だということ。

人間は働くことで必ず誰かを楽にしています。

料理人は美味しい料理で、人を満足させる。

作家は楽しい本で、人を楽しませる。

花屋は、色とりどりの花で人の心を豊かにする。

政治家は、社会の仕組みを整えることで人に安心を与える。

そして、得たお金で家族に笑顔を与えるわけです。これも傍を楽にするということ。

そうやって人を楽にしているのです。

よく、

「社会の役に立ちたい」

「人のために働きたい」

そんな声も耳にしますが、どんな仕事でも人の役に立っているのです。

わざわざ探す必要なんてありません。

今、目の前にある仕事も、これからやろうと考えている仕事も、必ず社会や人の役に立っています。

だから、今あなたがどんな仕事に就いていようともそれを誇っていいのです。

誇れない仕事なんてありません。

そして、今している仕事で楽になる人をもっともっと増やしていくこと。

これこそが、「良い仕事をする」という本当の意味なんです。

よく、

「あの会社は儲けている」

「あの店はぼろ儲けしている」

と眉をひそめる人がいますね。

お金を儲けることは悪いことだという風潮が、日本にはまだまだあります。

ですがこれは本当に愚かな考えだと知る必要があるでしょう。

なぜなら、お金を儲けているということは、それだけ人がその会社や店に「お金を払いたい」と望んでいるから。そして、それに見合う満足が得られているからにほかなりません。

もし、そんなにお金が儲かっているお店を見つけたら、羨ましいという感情は捨ててよく観察してみることです。

その店はどんなふうにお客を満足させているのか？　傍を楽にしているのか？

そのお手本が目の前にあるのですから、こんな幸運なことはありません。感謝したいくらいです。

まずは、今している仕事でどんなふうに傍を楽にできているのか？　どれだけの人に満足を与えているのかを想像してみる。

そして、その数をどうやったら増やしていけるかを考えるんです。工夫するんです。

そうやって、傍を楽にしたぶんだけ、お金は必ず巡ってくるようになります。

お金を儲けることは、笑顔を増やすという行為そのもの。「儲ける」とは、「信じた者」に訪れる最高のご褒美なんです。

黒龍スペシャルコラム1

ありがとうの印、それが神社

ここでは、僕に付いている黒龍さんにご登場いただき、お話をしていただきたいと思います。

黒龍さんは僕と同様に頭が固く、他の龍神様と馴染めずに独りよがりで影のような身体の落ちこぼれの龍神様でした。しかし、僕と一緒に数々の試練を乗り越えて立派な龍神様に成長したのです。理論的な説明が得意で、わかりづらいガガさんの説明をわかりやすく説明してくれます。僕たちもとても助かっています。

「では、黒龍さん。よろしくお願いします」

僕はペコリと頭を下げる。

「こちらこそ、よろしくお願いします」

丁寧な物腰に僕もちょっと安心する。

「ではまず、なぜ龍神様が日本に多いのか？　日本人を助けてくれるのかを教えてください」

「よろしいでしょう」黒龍さんはそう言って頷くと、ゆっくりと解説を始める。

「日本には古来『八百万《やおよろず》の神様』という概念が息づいています。どういうことかと言いますと、この世にあるすべてのものを指すのです。動植物だけでなく鉱物や人間の動作一つひとつにまで神様が宿っているという考えです」

山の神、海の神、火の神、水の神。太陽や月はもちろん裁縫の神や財と福を招く神。そしてついには、貧乏神や疫病神まで。

「なるほど。では僕たちは、常に神様に囲まれて日々の生活を営んでいるということでしょうか？」

「その通りです」

黒龍さんはそう言ってニッコリと微笑《ほほえ》んだ。

「実はこれは、この日本が特殊な環境の国であることも関係しています。海のプレートと陸のプレートの４つがひしめく国。地震が多く、火山も集中しています」

「四方を海に囲まれているから、津波などの災害が昔からとにかく多いんですよね」

僕の言葉に黒龍さんも真剣な顔で顎を引いた。

そう、日本には多くの災害を繰り返してきた歴史があるのだ。

「だからこそ、日本人は山や海などの自然には神様が宿り、自分たちを守ってくれると信じ祈った。その気持ちが身の回りのものすべてに感謝するという気持ちを育んでいったのです」

その黒龍さんの言葉を聞いて、僕は腕を組んで宙を見上げる。

住む家があり、美味しいご飯が食べられ、夜になれば暖かい布団でゆっくり眠ることができる。当たり前だと思っていることが、実は当たり前じゃない。

そして、それを守ってくれているのが僕たちの周りにいる神様なのだ。

「そしてその気持ちを日本人は、形で表してくれました」

「形で?」

僕は、黒龍さんの言葉の意味がわからず問い返した。

「そうです。日本人は『ありがとう』の気持ちを神社という形で表してくれたのです。私たちにとって神社とは人間からの『ありがとう』の印なのです」

「ありがとうの印……か」

僕はそう呟くと思いを巡らせる。

日本には全国で約8万社の神社があると言われる。

これはコンビニの数よりも多いのですから驚きだ。

しかも、これはあくまで登録されている数だから、小さな社《やしろ》も含めると倍以上はあるだろう。個人宅の庭の社や神棚まで含めたら、その数はもう数え切れるものではない。

「じゃあ、日本というのは神様への『ありがとう』の気持ちに溢れている国ということですね」

僕の言葉に黒龍さんは嬉しそうに微笑む。

「その通りです。そういう国だからこそ、龍神たちも日本が大好きで集まってきているのです」

「なるほどねー。それなら日本に龍神様がたくさんいるのも納得だわ。じゃあ、神社のお祭りなんかも神様や龍神様も喜んでくれてるのかしら」

ワカが嬉しそうに声を上げ、疑問を投げた。ワカは楽しいことが大好きだ。特に神社のお祭りは笛に太鼓、賑《にぎ》やかな神輿で人々には笑顔が溢れている。

「当然です。私たちも人々の笑顔を見るのが何より嬉しいですし、そんな喜びの鼓動を神様も龍神もエネルギーに変えているのですから」

鎌倉時代に作られた武士政権のための基本法典「御成敗式目」にも、「神社を修復し、お祭りを絶やさないようにしなさい」という文言が残されているくらいだ。

日本人は昔から神様への感謝の気持ちを表すことを忘れなかった。法律に記載するほどに。

「ちなみに私たちは、人間たちのワクワクした鼓動をエネルギーに変えているわけですが、神社のお祭りで叩く太鼓にも同じ意味が込められていることをご存じですか？」

「太鼓に？　いったいどんな？」

「太鼓の音は人間をはじめ、すべての生き物の鼓動と同じ音なのです。生命の鼓動を太鼓で表現して、神様に喜んでもらおうという、日本人の粋な計らいなのです」

「へー、それは知らなかったわ」

「僕も。でも、たしかに太鼓の音って魂が沸き立つ感じがするよ」

僕は両手で、太鼓を叩く仕草をしながら言った。

「こうして日本人は神様と共に長い間歩んできたわけね」しみじみとワカが言う。

「私たちも、そんな日本人と共にこれからも楽しく生きていきたいと思っています。そのためにタカさん、そのことをしっかり世に伝えていってください」

黒龍さんの言葉に僕たちは「はい！」と背筋を伸ばした。

日本人ってすごいな、そして幸せだな。僕は心からそう思う。

第3章
お金のお悩み

【お悩み】

お金がいつもなく、たまに多く入ってくると車が壊れたり親の介護で引っ越し費用が必要になったりと急な支払いが発生します。どうすれば金運が上がるでしょうか？

お前、馬鹿かね？
支払えるだけの金が、
ちゃんと入ってきているではないか。
支払いができるぶん、
ありがたいと思いたまえ。

おめでとうございます。あなたには金運があります。
なぜなら、「車が壊れたときの修理代」「親の介護での引っ越し費用」が、前もってちゃんと入ってきているではありませんか？
「必要なお金が必要なときに手元にやってくる」
これが本当の金運です。
僕ならば、「俺はツイてる！」と胸を張って言うところです。
ですがあなたは「お金がいつもなく」とおっしゃっている。
断言します。あなたはこれから金運がなくなっていくでしょう。
「私は運がない」と言っている人は運が良くなることはありません。
「私はお金がいつもない」と言っている人に、お金が巡ってくることもありません。
理由は簡単です。本人がそう思っているから。ただそれだけ。
周りでもいませんか？　何かいい出来事があると、
「私にこんなにいいことが起きるはずがない。騙されてるんじゃないかしら？」
と、考えてしまう人。
そういう人には運が巡ってくることはない。
だって、本人が拒絶しているんですもん。良いことがあっても喜ばない。
考えてもみてください。神様だって龍神様だって、せっかく幸運を授けてあげたのに、

「私にこんなことが起きるはずない」

とか、あなたのようにせっかく必要なお金を用意してあげたのに、

「お金がすぐに出ていってしまう。金運がない」

と嘆かれれば、やる気がなくなってしまいます。

たとえばあなたも、「パン屋を開きたい！」という友人のために資金集めや人員確保で協力してあげたのに、パン屋の売り上げが伸びないことで感謝もされずに、

「私って恵まれてないわー。運がないのね」

って言われたら「カチン！」ときませんか？

もう二度と助けてやるもんか！　という気持ちになって当然です。

これは神様も龍神様も、もちろんお金さんだって同じ。

せっかく必要なときにお金が手元にあるのに、その幸運に気づかなければ、運は巡ってきません。

人生を豊かにするコツは、今あるものに気づくこと。

「お金がない」じゃなく、「今、生活できるお金がある」と気づく。

「彼氏がいない」じゃなく、「出会いの機会がいっぱいある」と気づく。

「ランチ代で1000円なくなった」じゃなく、「美味しくて幸せだった」と気づく。
それができるかできないかで、人生は大きく変わります。
金運は誰でも持っています。
大事なのはそれに気づいているかどうか。
今あるものをありがたく思う、これができれば金運は必ず上がります。

ガガの言葉

金を人に置き換えて一度考えるがね。
助けてくれた金に
感謝の気持ちが湧くはずだ。

【お悩み】

お金は使えば入ってくるというので、欲しいものはどんどん買うようにしています。お金がないのに買うので家族に迷惑をかけています。私は正しいでしょうか?

正しいわけがないだろう?
お前は馬鹿かね。
使えば入るのはたしかだが、それは「誰か」の役に立つ金の使い方をした場合だ。
一番大事な家族に迷惑をかけるとは、不届き千万《せんばん》!
身の丈に合った使い方をしなければ意味がないがね。

たしかにお金は使えば入ってくるものです。
ですが、大事なのはその使い方です。

では**どんな使い方をすればお金は巡ってくるのか？**

ポイントは、

- **満足する使い方をする。**
- **多くの人が喜ぶ使い方をする。**

このふたつです。

このふたつを基準にしたとき、あなたの使い方は両方満たしていません。

まず、「欲しいものはどんどん買う」とあります。

それは、その買い物では満足できていない証拠です。

本当に満足できるお金の使い方をしたならば、それで心は満たされるはず。

ですから、買い物依存症と言われる人とは、「買い物をすることが目的」になってしまっていて、買ったものをないがしろにする傾向があります。

その時だけの快感を楽しんでいるにすぎません。だからその快感を繰り返し味わおうとする。でも本当の意味で心が満たされていないから、また買い物をする。

これではいくらお金があっても足りません。

こんな使い方をされるのであれば、お金さんだって嫌な気分になって二度とやってきて

はくれないでしょう。お金さんの喜びは、

「自分の働き（使われ方）によってどれだけその人に満足を与えられたか」

によって決まります。

お気に入りのバッグを手に入れた。美味しいご飯が食べられた。楽しい時間を過ごせた。**お金を使った人がそれと引き換えに手に入れた喜びが、そのままお金さん自身の喜びへとつながっている**のです。

そしてふたつめ。この喜びが多ければ多いほど、お金さんも嬉しいのだそう。

もし、あなたが多くの人を喜ばせるためにお金を使ったならば、その喜びの数だけお金さんにも響きます。

「やったー！　またこの人の元に来よう」「私もこんな人に使われたい！」

となるわけです。

そんな噂《うわさ》はあっという間に広がりますから、日本中、世界中からお金さんがわらわらと集まってきます。逆もまたしかりです。

あなたのようにお金を使うことで家族に迷惑をかけ、笑顔を奪っているようでは、お金さん自身も傷つきます。

「自分のせいで多くの人に迷惑をかけている」

そう感じたお金さんは、きっと行くところを選ぶでしょう。

悪い噂はあっという間に広がります。ですから、お金を使う前に、

・どれだけの満足が得られるか

・どれだけの人が喜ぶか

それを考えるようにしてみてください。

自然と無駄な使い方が減って、お金の本当のありがたさが身に染みるでしょう。

ガガの言葉

まずは家族を笑わせるのだよ。
金運は感謝できたあとでやってくるがね。

【お悩み】

「贅沢をしちゃいけないよ」と教えられたせいか、お金を使うことに罪悪感があります。私は間違っていますか？

間違っているがね。金は生ものだ。使わずに貯めておけば、いつかは腐るのだよ。その結果、本来出したくないところで、大きな金が出ていくことになる。金はお前の罪悪感など知らんがね。腐らせたくなければ有意義に使いたまえ。

あなたに罪悪感があろうとなかろうが、お金にはなんの関係もありません。大事なのはお金を使ったことで感じるあなたの「感情」です。自分がそれで満たされ、満足できるのであればどんどん贅沢をすればいい。

使わないほうが喜びを感じるならば使わなければいい。

物事は単純です。

ここで覚えていてほしいのは、

「お金は使われることで初めてその力を発揮する」

ということです。

タンスの中で眠っている1万円札。

使われずに財布の隅が定位置になっている1万円札。

これは見方を変えれば、お金という名前のただの紙切れにすぎません。

この1万円札がその力を発揮するのは、1万円相当のモノや体験と交換されたときしかありません。

あなたに1万円に値する価値を提供することができて、初めて自らの力を認識できるわけです。

高級レストランで1万円のコースを味わわせてくれる価値。

1万円のバッグを身につけさせてくれる価値。

楽しい旅行をさせてくれる価値。

そんな贅沢は良くないというのであれば、1万円の活躍の場は失われてしまいます。

その価値を見出《みいだ》してくれる人のところに行きたいと思うのは当然だと思いませんか？

「本来使うべきところに使わない」

そういう生活を続けていると、突然の出費が重なることが多くなります。

突然の病気で治療費がかかる。

車の故障で修理費がかかる。

家電が壊れたので新しい家電に買い替える。

そんな、「使わざるを得ない状況」が必ずやってきます。

こう考えてみてください。

「贅沢は良くない」

「お金はできるだけ使わない」

そんな人のところにはお金の活躍の場はありません。

たとえるならば、実力はあるのにいつもベンチを温めさせられている選手のようなもの。

「私が出れば勝てるのに！」

「私だったらもっとうまくやれるのに」

そんな歯がゆい思いをしているときに「うちのチームならキミをすぐにレギュラーで使うよ」と声をかけられたらどうでしょう？

僕だったら迷わずにチームを飛び出して、自分の力を認めて発揮させてくれるところへ移るでしょう。

自分の力を発揮できないところには、いつまでもいたくありませんから。

そもそも「質素は良いこと」というのは、「大きな目的のため」という大義があったから成り立っていた言葉です。

その目的を忘れ、「質素は良いこと」という言葉だけが残ってしまっては本末転倒です。

ガガの言葉

金を束縛するんじゃない。縛りすぎるとある日突然、家出する。

【お悩み】

貯金をすることで安心する自分がいます。こんな私でも金運は巡ってきてくれるのでしょうか？

お前は友達が少ないだろう？
おそらく財布の紐も固いはずだがね。
恋する者も共に泣き笑う友もいないのだろう。
人を喜ばせたいとか、楽しんでもらいたいという
気持ちがなければ人は寄ってこんよ。
人が離れていくヤツには金も寄ってこないがね。

さて、金運とはどこからやってくると思いますか？
答えは「人」です。
お金は社会の中で人から人へ絶え間なく流れ、回っているものです。

そう!! お金は人を介してやってくるのです。

「金運がいい」というのは、その流れの中にスムーズに入っていけるかということでしかありません。

ではそのためには何が必要か?

一番は人のためにお金を使うという気持ちです。

「あの人に喜んでほしい」

「あの人が楽しんでくれたら嬉しい」

そんな気持ちになると、支払うお金にも心が込もります。

その気持ちが周りにもお金にも伝わることで、お金の流れを円滑にする。潤滑油の役割を担ってくれるのです。

子どものころに父の日や母の日、お誕生日などにお小遣いを貯めて親にプレゼントをしたことがある人もいるでしょう。

恋人へのプレゼントも、子どものためにクリスマスプレゼントを用意するのもそう。

そうやって**心を込めて使ったお金には、心が宿る**のです。

その時、手元のお金はなくなるわけですが、心は満たされて温かい気持ちになっているはずです。

結果として、その気持ちがお金を回しているのです。金運を上げていくのです。

そしてあなたが貯金ばかりで、気持ちよくお金を使えないというのなら、きっと原因はひとつでしょう。

「好きな人がいない」。だから気持ちよくお金を使える場がないわけです。

ですが他人を嫌いながら、その他人からお金をもらおうなど、あまりにも虫が良すぎる話ではありませんか?

ちなみに成功者と言われる人たちはみんながそれを知っています。

そして人が大好きで、人のためにお金を使える人ばかりです。

マイクロソフトの創業者であるビル・ゲイツさんなどは有名ですね。

彼は、ビジネス界の第一線から退いてすぐに、夫婦で慈善活動団体を立ち上げています。

自分の周りの人だけでなく、世界中の人たちに向けて気持ちよくお金を使える。

だからこそ、世界一お金に愛される人になれたのです。

まずは、そういう気持ちでお金を使う練習をしてみましょう。

小さなところからでもＯＫです。

コンビニの募金箱に寄付する習慣をつけるのもひとつの方法です。

受け取ったお釣りからいくらか入れる習慣をつけるだけでいい。

自然にできるようになれば、それだけ金運に恵まれるお金の使い方ができるようになったということです。

ガガの言葉

好きな人間を作れ。

大いに恋をし、友と笑うのだ。

【お悩み】

浪費癖が直りません。
まだ借金まではしていませんが、先々心配です。
ぜひアドバイスをお願いします

お前は実にラッキーなヤツだがね。
今こそ浪費をやめるときではないか。
勇気を出して周りに、
「浪費癖のある自分」をさらけ出したまえ。
その問題はあっけなく解決するだろう。

直したい習慣。
改善したい癖。
きっと誰にでもひとつやふたつある悪癖。できれば隠しておきたいと思います。

恥ずかしいし、こんな面があるなんて人に知られたらどうしよう、そうなります。

でも、ガガさんによればそんなときこそ、チャンスなんだそうです。特に、

「人目にさらされるのが良いのだよ！」

そう言います。

いったい、どういうことでしょう？

実は**悪癖は、表に出すことで改善される場合がとても多い**のだそうです。

表に出ることで、人目にさらされます。

すると、

「恥ずかしい」

「嫌だ」

という強い気持ちが出て、逆に自分を冷静にさせてくれます。

そしてそういう癖を出さないようにしようという意識が芽生えるようになるのです。

たとえば、子どもに食べ終わったお皿を舐《な》める癖があったとします。

家ではどうせ身内だし、という気持ちでやっていた癖でしたが、何かの拍子に、学校の友達に見られて笑われたとしたらどうでしょう？

「恥ずかしい」という思いが働き、その行動をやめるように意識するようになるはずです。

つまり、人の目に触れさせることで、それまではなんとなく「直さなきゃなあ」と思っていたことを「絶対に直そう」と真剣にさせるのです。

人間、真剣に取り組めば大概のことは直せるもの。

それが自分の癖や習慣ならばなおさらです。

そこで自分の浪費癖を周りの人に知ってもらえばいいのです。

「その使い方はないよ」

「そんなことにお金使うの？」

そんな目にさらされると思うと、自然とお金の使い方を考えるようになります。

もし、それでもダメならば強制的に使える範囲のお金しか財布に入れないことです。

クレジットカードも財布から出しましょう。

真剣に直す気があれば、そのくらいはできるはずです。

それでもできないというのであれば、直さなければいいのです。

そのまま浪費癖を持ったまま生きていきましょう。

あとは実際に痛い目にあって本気になるしかない。

借金に苦しんだり、家族に迷惑をかけたりと……。

もし、それでも直せないというのならば、浪費癖を直さないほうがあなたにとって幸せだと自分で認めただけのことです。

自分で選んだ道ならば、そのまま進むしかありません。

神様も龍神様も、本気でその人が選んだ道を無理やり修正することはできません。

「お前、本気で直す気持ちがあるかね？」

ガガさんが言いたかったのは、そこなんです。

ガガの言葉

恥ずかしいという思いが人を本気にさせる。それでダメなら、今が幸せなんだろうさ。

【お悩み】

一生懸命に仕事をしているのに収入が上がりません。どうしてでしょうか？

お前は一生懸命に何を頑張っているのかね？
言われたことか？
与えられた仕事か？
もし、そうなら給料が上がらんのは当然だがね。
人は期待以上の結果を目の当たりにしたときに初めて
心を動かされる生き物だ。
それができなければ、収入が上がることなどないだろう。

給料が上がらない。
収入が増えない。
それに対する答えは明確です。

期待に応えていない、ただそれだけ。

給料が上がる人も、

業績が上がる会社も、

流行《はや》っているお店も、

すべてには共通点があります。

それが、**「期待以上の仕事をしている」**ということ。

僕はカフェで珈琲を飲みながら読書をするのが好きですが、たまに流行っていないカフェにふらりと入ってみることがあります。

近くには行列ができるカフェがいくつもあるのに、閑散としている店内。

何が違うのかを観察してみると、目に見えるところにその答えはあるものです。

店内の清掃状態だったり、店員の接客態度、もちろんメニューの味や値段にその理由があることも。

「また来たい」

「来て良かった」

そういう要素がそこにどれだけあるか？

つまり、**お客の期待にどれだけ応えられたかで、カフェが成功するか失敗するかが決まるのです。**

これは会社の仕事も同様です。

いくら一生懸命にしていたとしても、それを任せた上司の期待に応えられなければ、給料を上げてもらえるはずがない。

上司は、今あなたがもらっている給料、立場に見合った仕事を与えているにすぎません。大事なのは、その期待を超える働きができるか？　そんな工夫ができるか？

それを第一に考える必要があります。

これは、日頃の生活の中でも同様です。

目の前にいる家族や友人を満足させられない人が、顧客や上司を満足させられるでしょうか？

常に、

「この人は自分に何を望んでいるのか？」

それを考えて動いてみましょう。期待以上にやってやろうと。

言われたことをやるだけなら、誰だってできること。

ですが、自ら相手の望むことに対していかに応えていくか、その工夫が他の人との差になっていきます。

期待していなかったのに、誕生日にプレゼントをもらえたら嬉しいですよね？　それと一緒。

「え!?　本当に？」

とボルテージは一気に上昇するでしょう。

これも相手の期待値を超えたということ。

そう、人間はサプライズに弱い生き物なんです。

ガガの言葉

相手の期待値を大きく超えるのだ。

仕事は量より質が重視されるがね。

【お悩み】

好きなことを収入につなげたいです。良い方法はありませんか？

好きなことが仕事になるのではない。
仕事になるほど好きになったときに、
初めて仕事として成り立つようになるのだよ。
「好きなことが収入にならない」と言うならば、
仕事になるほど好きではないというだけだがね。

以前、サッカー選手の本田圭佑さんのツイートが話題になったことがありました。

好きな事だけでは食っていけない。

これ違う。

大して好きじゃないから食ってけるレベルに到達できないのであって、時間を忘れるくらい好きな事ならどんな事であっても必ず食っていける。

2018年12月5日付　本田圭佑さんのツイート

実はこれこそ、ガガさんが言いたい本質です。

好きな人って、もう**とことん好き**なんですよ。

本田さんはサッカーが好きで好きでたまらなかった。

だから休憩中も、休みの日も、サッカーをせずにはいられなかった。

休んでいる時間も惜しいほど、サッカーが好きだった。練習も、試合も。

実は僕もそうで。今、僕は本を書く仕事をしています。お陰様でいっぱい仕事をいただき、このご時世、ありがたいことに本でご飯が食べられます。

そんな僕は暇さえあれば本を読んでいて、お風呂や寝室、はたまたトイレにまで本を持ち込んでしまうほど。ある時、ワカに言われました。

「前はさ、仕事のためにこんなに一生懸命頑張って本を読むなんてすごいな、って思ってたのよ。だけど、最近気づいたのよね。『あ、この人ただ本が好きなだけなんだ！』って。本が好きでたまらないんだって」

この本田さんへの批判的なコメントの中には
「サッカーを死ぬほど好きな人はごまんといるけれど、成功する人は一握りだ」

という内容のものがありました。

でも、きっとその人は、本田さんほどサッカーが好きじゃなかっただけ。

好きの度合いで負けた。ただそれだけだと思います。

僕自身もかつてはプロ野球選手になりたいという夢がありました。

でも、練習が休みの日は嬉しかったです。家でのんびり過ごしてました。

だけど本当に好きな人はそんな日でさえ、練習します。野球を好きでたまらないから。

「上手くなるために」と練習する人と、「好きだから」と練習する人。もう、なんというかここは「好きこそものの上手なれ」の世界なんです、本当に。

だから僕は野球が上手くならなかったし、プロにもなれなかった。

もし、好きなことを仕事にしたい、収入につなげたいと思うならば、誰にも負けないくらいそれを好きになってください。そして真剣に取り組んでみてください。

そうやって真剣に、一生懸命に取り組むことで、たとえ仕事にまでできなかったとしても、何かを得られるはずですから。

「自分は向いてなかった」「仕事になるほど好きにはなれなかった」

そう区切りがつけられれば、次に好きになったことに集中することもできます。

僕自身も、エンジニアとして商品設計に真剣に取り組み、世の中を良くしたいという思いで政治家を本気で目指し、区切りをつけたことで、今の物書きの仕事に満足しています。

「本当に好きなのは本だった」

という結論に、ようやくたどり着けたんです。

同じ思いの方、ぜひ今好きなことで日本一を目指して取り組んでみましょう。

その行動は必ずあなたの身になるはずです。

ガガの言葉

好きなことでメシを食うには
とことんそれに惚れ込むことだがね。

【お悩み】

ずばり、金運がある人とない人では何が違うのでしょう？ 私もお金に好かれたいです

明るいところに虫は寄ってくるだろう？
それと同じ原理さ。
生命力と言い換えても良い、力なきところに金は集まらんのだ。
しかし、案ずるな。
陰だったヤツが何かのきっかけで陽になった場合も
金運は一気に上がるがね。
つまり、誰にでも金運を上げるチャンスはあるのだよ。

金運がある人とない人で何が違うのか？

答えは、**「明るさ」**だとガガさんは言います。

学校のクラスで人気者だった人、会社でいつも頼られている人、近所の人気者などを思

い浮かべてみましょう。

陰気で暗い人だということはないはずです。総じてみんな明るくて優しい人ではないでしょうか？

お金も人間も、そして神様だって好きになる人は一緒。

では、その明るさってどこからくると思いますか？　答えは優しさからきます。

優しい人というのは周りへの心配りができますから、普段から明るく元気に振舞おうとします。

そして時には言葉で相手を励まし、時には相手のために厳しい言葉をかけることも厭《いと》いません。「ちゃんと『NO』と言える勇気がある」それが本当に優しく、明るい人です。

では、そんな人にお金が集まるのはなぜか？　理由はふたつあります。

ひとつは、現実社会で信頼できない人にお金を投資する人はいないということ。

明るく優しい人は信頼されますから、当然様々な仕事を引き受ける機会も増えます。仕事が増えれば収入も増える。当たり前の結果です。

自分で事業を始めようとするときに、多くの人の支援を受けられるのもこういう人です。

実際に友達でも、長年会社勤めをしながらボランティアで多くの人を助け、信頼を得ていた人がいます。その人が、一念発起して起業した途端に、捌《さば》ききれないほどのオファーが舞い込んできたといいます。

ふたつめは、お金の気持ちになって考えてみるとわかります。

何度も同じことを言いますが、お金は使われて初めて力を発揮することができます。使われない1万円札はただの紙切れと一緒です。

そして、どうせ使われるのであればできるだけ多くの人に感謝され、笑顔になってもらえる使い道を望んでいます。

明るく優しい人は、常に周りの人に心を配っていますから、お金の使い道も周りの人が喜ぶようなものが多くなります。

想像してみてください。皆さんも自分のした仕事で10人に「ありがとう」と言われるのと、1000人に「ありがとう」と言われるのでは、どちらが嬉しいでしょうか?

答えを聞くまでもないでしょう。

そしてお金の立場としては、もうひとつ。明るく優しい人は、お金の扱いも丁寧です。目の前にお金があるのに「私は貧乏だ」「お金がない」などとは決して言いません。少ないながらもお金があるのです。そこでお金の愚痴を言えば、「今、手元にあるお金」に対して失礼だとわかっているのです。

周りの人にも、お金にも愛情を注げる。そんな明るさを持つ人にお金も引き寄せられ、金運は上がっていくのです。

そして、ガガさんの言う通り、苦労したり大変な思いをした人ほど、「今あるもの」に気づいて明るくなったときのエネルギーは大きくなる。寒さに凍えた人ほど、太陽の暖かさがわかるのです。

だからこそ、誰にでも金運を上げるチャンスはあるとガガさんは言うのです。

ガガの言葉

人にも金にも愛情を注ぐ。
そして一番は人生を深く愛せよだがね。

【お悩み】

夫が私に内緒で、多額の借金をしていました。このまま夫婦でいて一緒に借金を返していくか、離婚したほうがいいのか考えています

この妻ありて、この夫あり。
それは我に聞くことかね？
お前はずっとこうして、
責任転嫁をし続けてきたのだろう。
馬鹿もんが。

ガガさんの言う通りです。

このご質問では**「あなたがどうしたいのか？」**がまったくわかりません。

借金を返していくか、離婚するかを決めるのは他人ではなく、あなたなのです。

もう少しわかりやすく言えば、

「なんとか借金を返して、夫と共にいたい」

のが望みなのか。

「もうこんな夫は嫌だ。離婚したい」

というのが望みなのかが、まったくわからない。

もし、背負った借金を苦労してでも二人で返していく覚悟があるなら一緒にいればいい。自分は借金を返したくない。自分にそんな苦労をさせる夫は嫌だ。というなら、離婚をすればいいのではないでしょうか？

もしあなたが、「この借金さえなんとかなれば、夫と苦労せずに暮らせるわ」くらいの感覚でご質問されているならば、もうパッパと別れたほうがいいでしょう。

借金というのは一度すると癖になってしまうものです。そして一度した人は借金に対する感覚が鈍り、その金額も大きくなってくるという悪循環にはまりがちです。

ですから、これから一緒に夫婦生活を送るためには、一緒に借金癖を直せるように努力する覚悟が必要です。

生活水準を落とす必要もあるでしょうし、今までのように欲しいものを自由に買うこともできなくなる。そのための工夫も必要になってきます。

神様や龍神様が借金を「ポン」と返してくれることはありません。

なぜなら、それは本人たちのためにならないからです。

もし、それをすれば「借金はまた神様に頼めばなんとかなる」と安易に考えてしまい、本人の魂のレベルを落としてしまうことになるからです。

それが神様や龍神様の「本当の優しさ」でもあります。

だいたい神様はお金を持っていません。

たぶん子育てに似ていると僕は思います。なんでもかんでも親が手を貸していれば、子どもはいつまで経っても自分一人では何もできないままです。それと同じ。

特に借金癖というのはその傾向が顕著で、周りにお金を貸してくれる人や、代わりに返してくれる人がいると直らないそうです。

あなたが夫と共に借金を返し、夫の借金癖に真正面から取り組む。その覚悟と行動を目の当たりにしたとき、夫婦の魂が成長したと感じたときに初めて、神様や龍神様にその思いが伝わるのです。

大事なのは、あなたが夫と共に借金を返しながらも、夫婦生活を続けていきたいのかどうか。

「どうすればいいか？」ではなく、「どうありたいか？」に変えてください。

そして、あなたがこれからすべきことは、ただひとつ。

それを行動で示すことです。

ガガの言葉

お前はどうしたいのか。
それがわからぬ限り一歩も進まない。

【お悩み】

親の事業が失敗し、保証人だった私も借金を背負ってしまいました。この先のことを考えると不安と憂鬱で、生きていくのがつらいです。どうしたらいいでしょうか

では、いざやめろと言われて親を捨てることができるかね？
つらいこともあるだろうが、
親を助けるのは当然だがね。
光は必ずあるのだよ。

親というのはあなたにとって唯一無二の存在です。

ですから、その親の失敗を助けることも子どもの役目だと腹をくくることが大事だとガガさんは言います。

それに「親を助けなくてはいけない」と義務でするよりも、「親を助けたい」と思うの

は子どもとして、ごく当然の思いなのではないでしょうか。

そういう人には必ず神様も光を当ててくださいます。ですからそれを信じることです。

現代では「毒親」とか「幼児虐待」という嫌な言葉も耳にしますが、あなたの場合は、一度は借金の保証人にまでなっているのですから、そんなことはないでしょう。

それに考えてもみてください。

「親の事業が失敗する」

というのは、それが次の飛躍へのチャンスとなることもあるのです。

まず、「事業のための借金」というのは「ギャンブルの借金」などとは意味合いが大きく異なります。

事業を起こしたり、広げたりするためには何よりも資金が必要なんです。

そして事業が成功すれば、当然大きな利益が出ます。顧客だけでなく、たくさんの従業員の給与になったり取引先への利益としても還元されていくわけです。

そうやって、豊かさを広げるという「前向きな借金」なのです。

つまり、**借金＝《イコール》「悪」というわけではない**んですね。

しかし、事業は必ず成功するわけではないこともまた事実。

成功もあれば、失敗もある。

あのウォルト・ディズニーでさえ、1回でディズニーランドを成功させたわけではありません。起業と失敗を繰り返しても、その教訓を次に活かしたからこそ、初めてこれだけの偉業を成し遂げたのです。

あなたの場合は、あなた自身の失敗ではないかもしれません。

しかし**最も大事なのは、それをあなたが次への糧にできるかどうか**ではないでしょうか。

親の失敗を自分のことととらえて「失敗の原因は何か?」をしっかりと考えることです。ここで親のせいで済ませてはいけません。借金の保証人になったのはあなたなのですから、そこも含めて改善点を見つけるのです。そして、それを次の行動につなげることです。

それはもちろん、事業を起こすだけではありません。会社員ならば、その仕事に活かせるものもあるでしょう。友人の保証人にならない、というのもひとつの学びです。

そして、覚えていてほしい大事なことがもうひとつ。

「何度もやらかしている人ほど、感覚が研ぎ澄まされる」ということ。

この感覚は、失敗した経験がなければ絶対に身につきません。

「やばいニオイがする」「こいつは怪しいな」「これ以上はやめておこう」。そういう感覚が養えるのは、こういうときだけです。

裏を返せば、**失敗を経験していない人ほど残念な人はいません。**ですから小さなところで失敗を繰り返しておくのは、悪いことではないのです。

ウォルト・ディズニーもこんな言葉を残しています。

「失敗したからってなんなのだ？　失敗から学びを得て、また挑戦すればいいじゃないか」

あなたが失敗しないから、親が代わりにしてくれた。そう思って、進みましょう。それがどんなツキを運んできてくれるか、この際楽しみにしながら。

大事なお父さんお母さんじゃありませんか。

ガガの言葉

親はお前を大事に育ててくれたのだよ。困ったときは助け合うのが人の道さ。

【開運コラム3】お金編

お金は思考ではなく行動で引き寄せる

お金を引き寄せるのは思考ではなく「行動」です。

第3章では、お金のお悩みについてガガさんに答えていただきました。

ガガさんの答えを聞いて、すでにお気づきの方もいるかもしれません。

そうです、金運を上げるのも、お金に好かれるのも、すべて行動を変えればいいだけなんです。

人によっては、「思考を変える」とか、「お金を好きになる」ということを考えていた方もいらっしゃるかもしれませんが、これ

もすべて結果として「行動」を変えるひとつの手段にすぎません。

質問の答えの中でガガさんも「金はお前の罪悪感など知らんがね」と言っていたように、お金が見ているのはあくまでもあなたの行動であり、喜んでくれているかということだけです。

つまり、お金がないという思考が、お金を遠ざけているのではない。

お金がないという思考だから、お金を遠ざける「行動」しかしていないということです。

そしてこの第3章の10個のご質問の中で、具体的にどんな行動を取ればいいかがご理解いただけたと思います。

そこでダメ押しとしてここでは、「なぜその行動でお金が巡ってくるのか?」を少し説明したいと思います。

まず、お金とはなんでしょう? 僕は、資源のひとつだと思っています。

生体活動に不可欠な、水資源。建築物や道具を作るために必要な森林資源。石油や天然ガスというエネルギー源となる海底資源。それと同じように、僕たちの経済活動を支えてくれるのが経済資源であるお金です。

そして資源というものは常に循環しています。

たとえば「水」です。

雨が降り、山や川、海に流れ込み、地中にしみ込んで地球を潤します。

そして蒸発すると雲になり、また雨が降る。

ほら、循環していますよね？

では同じ資源である、お金はどうでしょう？

レストランでは食材の購入や人材の確保にお金を払い、作った料理に利益を上乗せしてお客に提供する。

そうしてお金をもらい、そのお金をまた食材や人件費に充てることで運営します。

どうでしょう。お金はグルグル循環しているんです。

ここで知ってほしいのは、お金もあくまで資源のひとつであり、循環して初めてその力を発揮するということ。

レストラン経営者が最初にお金を使わなければ、材料も買えず、人も雇えません。

お金が循環していない状態なので当然、お金も巡ってきません。

使うことでお金が巡ってくるというのは、つまりそういうことなんです。

こう話すとたぶんほとんどの人が理解してくれるでしょう。

これが巷《ちまた》で言われる「お金は使わなければ入ってこない」ということの意味です。

しかも、お金は枯渇することがないくらいたくさん溢れていて、日本人の金融資産は1800兆円以上とも言われています〈日本銀行調査統計局「資金循環統計（速報）（2018年第4四半期）」参照〉。

どのくらいの額かというと、日本の国家予算は約100兆円ですから、国家の予算の18倍ものお金を日本人は持っているんです。

ですから、なくならないし、決して減ることもありません。

誰でも手の届くところにあるもの、それがお金だと理解する。

そして、率先してお金を使える人になる。

そしてもうひとつ。お金を使えば、再び巡ってきてくれますが、その時にありがたく受け入れることです。循環を止めないということ。

「ええ、悪いよ」

「良いの？」

「もらえないよ～」

などと言わず、素直に「ありがとう！」と言いましょう。

せっかくの循環を自分のところで止めてしまってはもったいない。
これを理解したうえで、再度ガガさんの答えを読み返してみてください。
きっと、より理解が深まるはずです。
そして理解したら、あとは行動です。そして実感する。
これができれば、あなたのお金に対する感覚も必ず変わってきますよ。

第４章
恋愛・結婚のお悩み

【お悩み】

離婚を2回しています。
今住んでいる地域では友達もいません。
そんな私でも婚活を頑張っていますが
結果が出ず、一生独りだったらと不安です

本気で誰かを愛したことがあるのかね?
結婚とは互いに求め合って成り立つものだ。
誰もお前を求めないのなら、
お前が本気で誰も求めていないということだがね。

あなたはなんのために結婚したいのでしょうか?

将来独りでは不安だから、一緒にいてくれる人が欲しいということなら、何度結婚しても同じ結果になるでしょう。

なぜなら、結婚する相手を「自分に都合のいい人」としてしか考えていないからです。自分が将来、独りでは寂しいから誰か一緒にいてくれればいいというのは、裏を返せば相手のことをまったく考えていない発言です。

ですから2回の離婚も当然の結果と言えるでしょう。近所に友達がいないことも、婚活がうまくいかないのもそうです。

自分のことしか考えていない人には、犬だって寄ってきてくれません。

ガガさんによれば、理想的な結婚相手とは、お互いを高め合っていける関係を築ける人なんだそうです。そこにはもちろん試練もある。

そもそも結婚とは、赤の他人が共同生活を送るという行為です。

違う環境で育ってきた二人が、同じ家で同じ時間を共有する。食べ物の好みも、時間の使い方も、考え方もまるで違うことも多いです。それをうまく折り合わせるんですから、お互い自分のことばかり主張しては決して成り立ちません。

相手を尊重し認め合うことができて、初めて成立するものなのです。

そして、それができるのは「愛情」という目に見えないものが重要になります。

だからガガさんも「本気で誰かを愛したことがあるのかね？」と聞いたのです。

実は、この愛情というのがポイントです。

それを説明するのに、よく愛情と勘違いされがちな「執着」と比較しながらお話ししていきましょう。その違いを理解できると、その意味もわかってもらえると思います。

まず、愛情とは「純粋に相手の幸せを願う気持ち」のこと。

それがあるからこそ、相手の立場や思いを理解しようとすることができ、その人のために行動することができます。

そして**愛情は、相手の反応によって、その思いが変わることはありません。**

つまり、相手が自分の満足する反応をしてくれなくても不満を感じることはないのです。

ところが執着とは「自分の欲望を満たす気持ち」です。

ですから、自分のした行為に対して満足のいく反応が得られないと不満になります。

好きな人が自分に振り向いてくれずに他の人を好きになったときに、不満を持ったり嫉妬するのは愛情ではなく、執着だったということです。純粋な愛情であれば、相手が誰を好きになろうが、その人の幸せを願えるもの。まあ、失恋はつらいですけれど。

つまり、あなたにはその愛情が欠けているんです。

だから、いつも自分の気持ちばかりを優先させて振舞ってきた結果が、今の現状を招いたと言っていいでしょう。

今ある環境は、他の誰かが作ったわけではありません。あなた自身がこれまで作り上げたものだということを受け入れましょう。

そして、今この瞬間から、本気で誰かの幸せを願って行動してみましょう。

少しずつでも他人を思いやる心を養うことで、本当に愛すべき人が見つかるはずです。

ガガの言葉

命短し恋せよ人よ。
何かを誰かを愛する幸せを知るがね。

【お悩み】

私には長くつき合っている彼氏がいます。年齢のこともあり早く結婚したいのですが彼氏が決断してくれません。子どもも欲しいし、焦り気味です。どうすればいいでしょうか？

お前は焦っているのだな？
ならば簡単。
煮え切らぬ相手ならパッパと見切りをつけ、
新しい相手を探したまえ。
「子どもを産む」ことにこだわるならばなおさらだがね。
時間には限りがあるのだよ。

まず明確にしなければならないことがあります。
あなたがより望むことは、

「その彼氏との結婚」

「子どもを産むこと」

のどちらでしょうか？

その答えによって、選ぶべき行動は大きく変わってきます。

もし、子どもを産むことを優先したいというのであれば、ガガさんの言う通り、すぐにその彼氏と別れて新しい相手を探すことをおススメします。

時間は有限なものです。

新しい相手を見つけるなら、早いに越したことはありません。

それに、「結婚したいけれど決断できない」という彼氏であれば、今後の生活でも苦労する可能性が高いでしょう。早いところ別れる決断をしたほうが、今後のためとも言えます。

考えてもみてください。毎日の生活とは選択の連続です。

会社へ行く道の選択、洗濯するかの選択、どのテレビ番組を見るかの選択、なんの料理を作るかの選択……。一説では人間は一日に約９０００回の選択をしているのだそうです。

もちろん結婚は、人生に関わる大きな選択であることは間違いありません。

しかし、その選択ができないということは、生きる力に欠けているということでもあります。もう少し言えば、**ひとつの選択の遅れが大きな幸運を逃すことになることも少なくないのです。**

そして、もし子どもを産むことよりも今の彼氏との結婚にこだわるというのであれば、その事実をしっかりと相手に伝えることです。

ただし、いくら待ったとしてもその彼氏が結婚してくれるという保証はないことを忘れてはいけません。

そして、多くの人がここまで割り切れないのには、ある理由があります。

「この人を逃したら、もう結婚相手が見つからないかもしれない」

という怖さです。

なかなか相手が結婚に踏み切ってくれない、だけど別れられないというケースは、往々にしてこういう怖さと共にある。そして、相手もそれがわかっているから甘え、ダラダラと結論を先延ばしにするのです。

だけど、大丈夫です。

必要な人にはちゃんとまた良い人が巡ってきてくれますから。

それに意外と、

「結婚しないなら別れるわ。私、子どもが欲しいし」
ときっぱりと宣言したらあっさりと結婚を決断してくれた、なんてケースを僕はいくつも知っています。この手のタイプは、誰かに背中を押してほしいだけだったりするものです。

それでももし、そこまで言っても結婚に踏み切れない彼氏であれば、本気で結婚する気がないか、ただの優柔不断な男でしかありません。今すぐきっぱり別れてしまえばいいんです。

ダラダラと長引かせていては、あなたの大切な時間がもったいないですよ。

ガガの言葉

時間は有限なのだ。
ダラダラと決められんヤツと
幸せになどなれんがね。

【お悩み】

彼氏のいない私は、友達の恋愛話を聞くたびに
自分と比較して劣等感を抱いて焦ってしまいます。
何かアドバイスがほしいです

お前は自分に自信がないのだろう？
女は自信があると、
他人の自慢話など屁でもないのだよ。
これをチャンスに身も心も美しくなって、
良い男をつかまえたまえ。

劣等感を強く抱く人には共通する特徴があります。
「他人と比較してしまう」
ということです。

自分を他人と比較して、劣っていることにショックを受けるわけです。

はっきり言いましょう。こういう行為は、無意味で「百害あって一利なし」です。

たとえば、ものすごいお金持ちがいたとします。

お金持ちの家に生まれて、欲しいものはなんでも与えられて、何不自由なく贅沢な暮らしを享受できる。なんて羨ましい環境でしょう。劣等感を抱きやすいあなたはきっと「羨ましい」と感じることでしょう。そして、自分の生活と比較して落ち込んだりする。

ですが、そのお金持ち本人は果たしてどうなんでしょうね？

必要なものはなんでも与えられて、努力や成長する機会を奪われてつまらない人生だと感じているかもしれません。もしかすると、手の届かないものを頑張って手に入れたときの達成感を味わえるあなたの環境を「羨ましい」とさえ感じていることだってあるのです。

そんなわけがない、と思いますか？

いえいえ、長い間人間界を観察してきた龍神様が言うのですから間違いありません。

人は誰もが、自分しか知らない悩みを抱えて生きています。

そして、どんな物事にも必ず「陰」と「陽」が存在するのです。

しかし、あなたのような人は、相手の「陽」の部分だけを見て物事を判断します。そして、自分の「陽」の部分に気づこうともせずに勝手に落ち込むのです。

それが劣等感の正体です。

これで僕が、無意味で「百害あって一利なし」と言った理由がご理解いただけたと思います。

ですが安心してください。

ガガさんが言うように、これはチャンスでもありますから。

あなたがそうやって**劣等感を抱くということは、自分もそうなれると確信している証拠**です。自分と比べるということは、勝てる可能性を感じているからにほかなりません。

その証拠にあなたは安室奈美恵さんや、イチローさんなどと自分を比べて劣等感を抱きますか？　もし抱くとすれば素晴らしいです。それだけの存在になれる素質があるということ。こんな質問をしている暇があったら今すぐ世界を目指しましょう。

つまり、人は絶対に勝てないと思っている相手に劣等感を抱くことはないのです。

ならばあとは簡単です。

自分で負けていると感じる部分をとことん磨けばいい。

劣等感を抱くのは、「変えるべきこと」をちゃんとわかっているということですから、あとはそれを向上心に変えて行動していくだけ。

彼氏が欲しいなら友達よりも魅力的な女性になればいいのです。

すぐに鏡の前に行って笑顔を磨き、お洒落を心がけましょう。明るい色味のある服装などは特におススメです。優しく明るい雰囲気は男性に好かれます。

そして友達に会ったら自分から「おはよう」と声をかけて明るく振舞いましょう。照れずに、自信を持って笑うのです。

そうやって自分の魅力に磨きをかけることで、必ず自信が持てるようになります。

ガガの言葉

劣等感を抱くヤツはラッキーだ。気がついたらとことん磨け、磨けば光るがね。

【お悩み】

好きな人がいるのですが、なんと話しかけたらよいかわかりません。良いアプローチの仕方があれば教えてください

挨拶に決まっているではないか！
おはよう。
さよなら。
こんにちは。
挨拶がすべてをつなげるのだよ！
グッドラック！

仲良くなりたい人がいたらまず挨拶をすることです。月並みすぎですが、もうこれは事実です。

日常を見渡してみましょう。

お店に入っても職場でも学校でも、様々な場面で自然と挨拶が交わされています。

挨拶は日常生活の中で人間関係を円滑にしてくれる魔法です。

しかも挨拶をされて嫌な気分になる人はいません。

お店に入ったときに「いらっしゃいませ！」と明るい声で挨拶されれば誰だって嬉しい。

もし嫌な気分になる人がいるとしたら、人間として問題があります。そういう人は放っておきましょう。

好きな人がいるのであれば、こちらから、

「おはようございます！」

と笑顔で挨拶をしてみましょう。

たったそれだけで構いません。

その後、特に何か話しかける必要もないのです。

会うたびにそれを繰り返すだけでいい。

その挨拶がその人との関係を構築する第一歩となります。

なぜか。相手の立場になって考えてみるとわかります。

職場や学校、近所などですれ違うときに挨拶をする人もいれば、しない人もいますね。

同じ挨拶でも、笑顔の人もいれば仏頂面の人、顔を合わせる人もいれば目線も合わせない人もいます。

そんな中で毎日、会うたびに笑顔で挨拶をしてくれる人がいたらあなたはどう思いますか？

「あの人、いつも笑顔で挨拶してくれるな」

と、その人のことを意識するようになりませんか？

そう。**挨拶を繰り返していくことで、自然と目に見えない親密度が増していく**んですね。

話しやすい環境が、見えないところででき上がっているというわけで。

何かのきっかけで話をできる機会に恵まれたとき、これが活きてきます。何しろ相手も自分のことを認識しているはずですから、スムーズに会話に入っていける。

挨拶ひとつでこれだけの効果があるって素晴らしいことだと思いませんか？

ちなみに挨拶という言葉の「挨」は押す、「拶」は近づくという意味が込められていて、相手の心を押し開いて距離を縮めるという意味があります。

挨拶ひとつで人の心は開かれるんですね。

そしてガガさんによれば、自分から挨拶をすることには、実はもうひとつ隠れた効果があるんだそうです。
それは、いつも自分から挨拶する癖がつくことで、積極性も身につくということ。
たったひとつの挨拶を続けることで、自分自身も明るく元気な気持ちになるのです。
好きな人との距離もグッと近づくでしょう。騙されたと思って試してみましょう。
頑張ってください。

ガガの言葉

挨拶には人の心を押し開く
大きな力があるのだよ。

【お悩み】

つき合っている彼氏のことが気になり、いつも束縛気味になってしまいます。そして嫌がられフラれてしまうことに。うまく距離感をつかむ方法はないでしょうか？

嫌な女の典型ではないか。こういうヤツは男女ともにモテん！距離感だと？　自分でそのコントロールもできんなら、恋愛する資格はないがね！

あなたのような人は総じて「自分への評価が異常に低い」という傾向があります。
自分に自信がないから、他に気になる人ができたら絶対に自分よりもそっちを取るに違いない。だから「束縛しておかないと」と、なってしまう。

ですが、それはあなたを選んでくれた彼氏に対しても失礼なことだと思いませんか？

「あなたは、こんな欠陥のある私を選んだのよ」

そう宣言しているのと同じこと。それでは彼氏があまりにも可哀そうです。

では、なぜあなたはそんなに自分への評価が低いのでしょうか？

結論から言えば、**「たんなる思い込み」**です。

多くの場合、小さなころから親や周りから「あんたはダメだから」と否定的なことを言われて育った可能性が高いです。

ですがガガさんによれば、**人間の一人ひとりの能力の差など大したことはない**んだそうです。

それなのに自分の評価が低い人ほど、自分でハンディキャップを背負って苦しんでいます。行動さえも制限してしまう。

うーん、これはとってももったいない。

では、どうすればそれを払拭できるのでしょうか？

ガガさんが長い間人間界を観察してきた中から、特に効果があるというふたつをご紹介します。

ひとつめは、自分に自信をつけること。簡単に言えば**特技を伸ばすこと**です。誰でも得意なことや好きなことがひとつやふたつはあるはずです。それを徹底的に極める努力をしてみましょう。

本が好きならば、徹底的に読んでみる。書評を書いてみるのもいいでしょう。「あの作家さんの本のことなら私に聞いて」と、友達に言えるくらいになるのです。写真が好きならば、美しい風景の写真を撮るための技術を徹底的に磨くことです。自分の好きなことや得意なことを磨くことで、他の人には負けない自信がつきます。何より好きなことに取り組んでいるときは、余計な感情が入ってきません。

ふたつめは、**コンプレックスを強みに変える**ことです。

たとえば、背が低くて悩んでいても大丈夫。逆に高身長の人ができない可愛らしいスタイルを追求してみる。今は雑誌やネットで様々なスタイルが紹介されていますから、見るだけで新しい発見などが多くあります。

声にコンプレックスがあるなら、自分の声が何に向いているのかちょっと考えてみる。ハスキーボイスの人はちょっとゆっくり話すとセクシーで素敵ですし、高音の人はテンポよく話すことで場を盛り上げることができます。

ちなみに、僕も学生時代からスキーをしていましたが、なかなか上手くならずに悩んだ経験があります。そしていろんなコーチに教わった結果、たくさんの練習方法を習得することができ、得るものがたくさんありました。

コンプレックスだと思っていたことが武器になったなんて、面白いですよね。

そうやって、自分に自信を持つことができれば、彼への束縛の気持ちも和らいで、自然と良い距離感をつかめるようになるはずです。

そうすればガガさんの言う通り、距離感は勝手にコントロールできるようになるものです。

ガガの言葉

追えば逃げたくなるのが人。
何かを極めて追われるくらいの
いい女になりたまえ。

【お悩み】


私は今、仕事に夢中でなかなか出会いがありません。

好きな人がいても仕事優先にしてしまい……。

ですがそろそろ恋人も欲しいです。

何かアドバイスをいただければと思います

仕事に夢中なら恋人などいらんだろう。
お前は恋人ができない言い訳をしているだけだがね。
どんな状況でも恋愛はできるのだ。
甘えるんじゃないがね。

あなたは恋人ができないことを仕事のせいにして逃げてはいないでしょうか?

「仕事が忙しくて時間がない」

「たまの休みくらいは、自分のために使いたい」

そう言って恋人を作る機会から逃げていないでしょうか？

ガガさんの言う通り、やろうと思えばどんな状況でも恋愛はできます。**必要な時間はできるものではなく、作るもの**だからです。芸能人なんてすごいです。よくもまあ、あの多忙な中で次から次へと……、おっと、これは失礼。

ではなぜ、あなたは時間を作ろうとしないのでしょう？

そこに、改善すべき最も大きな問題が隠されているのです。

まず、仕事を言い訳にする人は、自分を「デキル人」として演じていることが多い。

もちろん本当に仕事ができて忙しい人もいるでしょう。

ですが、ガガさんに言わせればどちらでも同じことです。

そこにある共通の思いというのは、

「デキル人が、好きな人にフラれたらみっともない」

という怖さです。

加えて、特に仕事ができる人は効率を考えがちです。

「これは効率の良いやり方か？」

「もっと、要領よくできないか？」

そしてうまくいく方法をしっかり考える。

もちろん仕事であれば、確実性を重視して効率的に利益を上げる方法を選ぶのは大切なことです。

だからこそ優秀な人に仕事も集まる。忙しくなるのも当然ですよね。

ですが、恋愛は効率重視ではありません。

そして、時間や手間をかければうまくいくというわけでもありません。

理不尽なフラれ方をした経験のある人もきっとたくさんいることでしょう。

「恋」という字は、「変」と似ています。

そう、恋は人を変にするのです。まあ、これはたとえですが、仕事のようにうまくいくとは限らないということ。

ですが、仕事のできる人であればあるほど、そこに費やした時間や労力を思い返して、

「自分がこんな目にあうのはおかしい」

「こんなに尽くしたのに、その見返りがこれでは許せない」

と、納得がいかない。

まあ、その気持ちもわかります。僕も昔はなんでも論理的に考えてうまくいかず、腹を

立ててばかりでしたから。

なのでこう考えましょう。

恋愛なんてうまくいくときもあれば、うまくいかないときもある、と。

色恋は縁です。せっかく気になる人がいるのなら、深く考えずにちょっと声をかけてみればいいんです。

お茶にでも誘ってみればいいんです。

仕事で時間がないのであれば、作ればいいんです。

自分で勝手にうまくいかない可能性を恐れていては、何も始まりませんよ。

ガガの言葉

白馬の王子は待てども来ない。色恋話は自分から起こして大吉になるがね。

【お悩み】

職場は既婚者や同性ばかりで出会いの機会がありません。どうすればいいでしょうか？

職場と家の往復だけとは実につまらんヤツだな。
我に聞くより自分の足で、
もっと外へ出ようと思わんのかね？
外へ出ようと思わん限り、
永久に出会いはないだろう。

まず理解していただきたいのは、**出会いの場とは「向こうからやってくるもの」ではなく、「自ら作るもの」**なんです。自分で行動範囲を広げていくしかありません。
学生時代であれば、共学なら自然と周りに異性がいて仲良くなれる機会もたくさんあったはずです。

ですが考えてみればこれは当然のことで、学生時代というのは多くの学生が新しい環境での出会いを求めているからです。そして、そのために誰かが機会を作って場を提供していることも多い。サークル活動だったり、合コンだったりがそうで、誰かが企画者となってくれていたはずです。

つまり、たんにみんなが出会いを求めていたから、自分で動かなくても自然と出会いの環境が整っていたにすぎないのです。しかし、社会人になればそうはいきません。

あなたのような同性の多い会社でなくても、周りにいる人は年代も性別も様々、会話だって仕事に関することがほとんどです。新しい出会いの機会が少なくなるのは至極当然。

つまり、「同性ばかりの職場」というのはあなたの言い訳にすぎないということ。

社会人になれば学生時代とは違って、自分からよほど積極的に動かない限り新しい出会いは難しいものになってきます。

そこでこのことを覚えてください。

1. 自分から動かなければ理想の出会いが訪れることはないと心得る

2. 出会いのない今の行動パターンを変えてみる

ひとつめは今もお話しした通りで、出会いは相手のほうからやってきてくれるものではありません。

ちなみにここでは「異性との新しい出会い」というテーマでお話ししていますが、それだけでなく、どんなことにでも当てはまります。

自分の望む仕事でも、環境でも、地位でも、友人でもなんでもそう。**待っているだけでは誰も解決してくれません。**なぜなら、**それを望んでいるのはほかの誰でもない、あなた自身なのですから。**

そして大事なのはふたつめです。

出会いのないこれまでの行動パターンでは、今後も新しい出会いが訪れる可能性は限りなく低い。だからこそ、今の行動パターンを変えるんです。

ガガさんはつまらんと言いましたが、仕事をするようになると家と職場の往復だけになる人が多いのは事実です。

ですが、それではいい人に出会える確率は？　答えは明白です。

出会いがほしければ、新しい人と出会える場所に足を運びましょう。

たとえば趣味があればそのサークルを探して行ってみる。興味のあることや場所でもいいです。共通の趣味や価値観を持つ人であれば、良い出会いのチャンスはグッと増えます。しばらく会っていない友達に会うのもおススメです。出会いがなくて困っているのなら、それを率直に伝えれば誰か紹介してもらえるかもしれません。安心感もあります。

このようにとにかく人と会う機会を増やすこと。縁なんてどこからつながるかわかりませんから、小さな出会いも見逃さないことです。

極端な話、道を歩いている人や入ったお店の店員など、どこにだって出会いの機会は転がっているものです。僕なんて、道でワカとすれ違ったのがきっかけで今に至ってるんですから（笑）。

ガガの言葉

世の中は男と女が半々なのだよ。男だけの世界も女だけの世界もないのだ。

【お悩み】

私はなかなか好きな人ができません。
気になる人がいても恋愛までたどり着けず。
そんな私にいいアドバイスをいただけないでしょうか？

好きなヤツができんのなら、
独りでいればいいではないか？
必要もないのに、
無理に恋愛することはないだろう。
お前が求めてないことに、
何をアドバイスしろと言うのだね。

あなたは好きな人がいないと言っていますが、ならばなぜ気になる人がいるのでしょうか？

答えは明白です。

あなた自身がその先のことを想像できていないからです。

ガガさん曰く、**神様は願い事を叶えるにあたって重要なのは、その人自身が「どうしたいか?」ではなく、「どうありたいか?」**なのだそうです。

ですがあなたは気になる人がいても、自分が「どうありたいか?」がわからないからその先の想像ができない。なぜ気になるのかもわからないわけです。

裏を返せば、あなた自身が今後その人と、「どうありたいか?」が想像できるようになれば、それが恋愛まで発展する出会いなのかがはっきりするでしょう。

とはいえどうすればいいの? はい、それをこれからお話ししたいと思います。

まずあなた自身の行動を振り返ってみてください。

自分と同じように彼氏、彼女がいない人とばかり一緒に行動することが多くありませんか? もし、そうならば「彼氏や彼女がいない環境が当たり前」になっている可能性が高い。しかも、恋愛している人が羨ましくてカップルが多い場所を避けているならばなおさら。で、恋愛をしている状態を想像できなくなるのは当然です。

実はこれは、他の願望に対しても同じで、歌手になりたい人が成功している歌手から目を逸らしたり、作家を目指している人が売れている作家の本から目を背けているのと同じ。

成功の芽を自ら摘んでいるわけです。

成功している姿を想像することも、空気感をつかむこともできなければ、夢の実現はどんどん遠のいていくでしょう。

話を恋愛に戻しましょう。

あなたはまず、「彼氏（彼女）がいない状態が当たり前ではない」ということを認識する必要があります。

そこで、カップルが多い場所に足を運んでみるのです。

週末の遊園地や水族館、喫茶店などもいいでしょう。カップルが多い公園などもいいです。もしすぐに思いつかないときは周辺のデートスポットを検索してみましょう。結構そういう場所は多いですよね。

そして、「へぇ、こんなにカップルっているんだ。私もこういう体験をしたいなぁ」と感じることができれば大丈夫です。

もしそれでも何も感じないようであれば、家庭がある友達の家を訪ねるのもいいですね。家族連れの多い公園などに行ってみるとか、すごくいい。

「あ、家族っていいかも」

「こういう家庭を持てたらいいな」

そんなふうに思えたら将来への展望が見えたということです。

もしそれでもダメなら、本当に独りのほうがいいと思っているということでしょう。

その場合は、無理に恋愛などしなくてもいいのではないでしょうか？　したくもないのに、周りの目や意見に惑わされる必要はありませんしね。

そしてもし、「どうありたいか？」に気づいたら、その時に初めて行動を起こせばいいんです。

ガガの言葉

自分の意思がわからないときは、様々な環境に身を投じてみると良いがね。

【お悩み】

好きになる人が、いつもヒモ男です。どうしたらいいのでしょうか？

どうするもこうするも、それはお前の好みの問題だがね！
だが、ヒモ男とつき合うなら、
一生相手の面倒を見ることを覚悟しろ。
なぜならこのタイプの男はいつの時代も一定数いて、
決して治ることはない。
どんなに改心させようと思っても、不治の病のように治らない。
無駄な時間を過ごすだけだがね。

僕も相談を受けたことがありますが、**この手の男を好きになる女性にはある特徴**があります。

・**自分に自信がなく承認欲求が強い**

・寂しがり屋で独りでいられない
・責任感が強く、世話を焼くのが好き。つまり、おせっかい

どうでしょう？　きっと身に覚えがあるはずです。

自分に自信がない人は、

「この人と別れたら、もう自分とつき合ってくれる人はいないかも」

という恐怖を感じてしまいます。

そしてなんとか嫌われないようにと尽くしてしまうわけです。

寂しがり屋の人もそう。

「こんな男でも独りぼっちになるよりはマシだわ」

と、ダメ男にしがみついてしまいます。

そして、責任感の強い人は、

「私がこの人を立ち直らせてあげなきゃ」

「この人は私がいなければダメなんだもの」

と、その男を立ち直らせるには自分がやってあげなければ、と必要のない義務感を抱いて尽くします。

そして、独り立ちしてくれる日を信じて、甲斐甲斐しく世話を焼き続けるでしょう。しかもこのタイプの人は、仕事もできて自立している人が多いので「自分なら相手を変えられる！」と本気で信じていることが多いです。

ですが、ハッキリ言いましょう。ガガさんの言う通り、**この手の男が立ち直ることはまずありません。**むしろ、あなたが世話を焼くことでどんどん悪化していくだけ。ダークサイドにまっしぐらです。

これは長く人間社会を観察してきた龍神様が言うのですから間違いありません。

しつこいようですが、時間は有限。もっと有意義なことに使うべきだと思いませんか？

ですから、自分がヒモ男に引っかかりやすいという自覚があるなら、自分がどのケースに当てはまるかをこの機会にしっかりと認識しましょう。

そしてそれに気づいた時点で嫌ならちゃんと拒絶することです。

ダメ男はダメ男なりに考えているものです。

あなたのように尽くしてくれる人を探し出して、また誘惑してくるでしょう。

ですが、そんな誘惑に立ち向かう勇気を持ってください。

特に約束を簡単に破る男や、人によって態度を変える男。お金にだらしなく、すぐにお金を借りようとする男は要注意です。

そして次こそ、あなたのことを大切にしてくれる人を見つければいいじゃありませんか。

大丈夫、世の中に男はごまんといますから。

ガガの言葉

**ダメ男は一生かかってもダメ男のままだがね。

そんな男に大事な時間を使い続けるのかね？**

【お悩み】

家庭のある人を愛してしまいます。したいとは思わなくても不倫ばかりです。どうしたらいいのでしょうか？

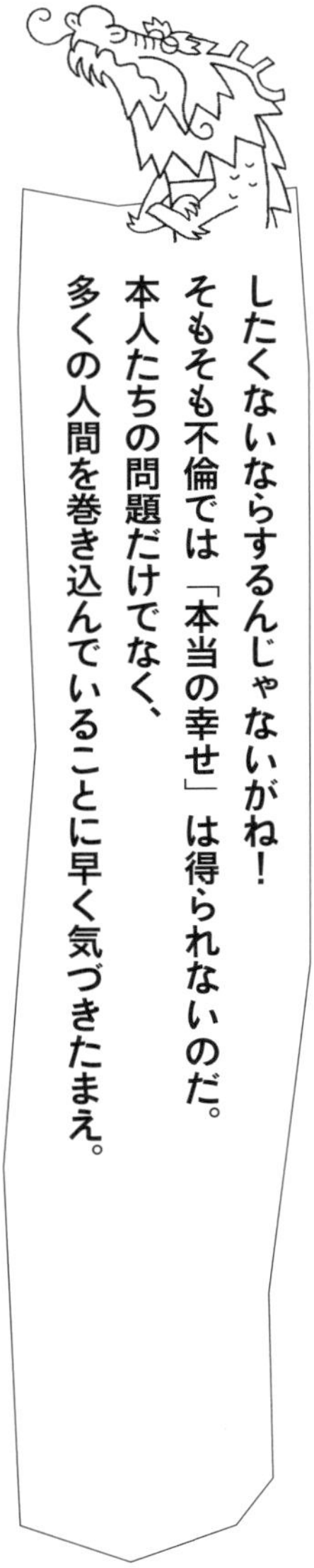
したくないならするんじゃないがね！
そもそも不倫では「本当の幸せ」は得られないのだ。
本人たちの問題だけでなく、
多くの人間を巻き込んでいることに早く気づきたまえ。

実は不倫というのは、道徳的な問題だけでなく、他の多くの人を巻き込んで不幸を生み出しているパターンが圧倒的に多いのです。
「世の中の法則」を思い出してみましょう。

これは、自分のしたことが必ず返ってくるということ。

良いことでも悪いことでも全部返ってきます。

正確には、その行為がそのまま返ってくるわけではなくて、相手に「感じさせた思い」が返ってくる。

たとえばお中元などで自分が使わないものばかり送られてきて迷惑だと感じている人が、実はいつも相手のことを考えない押し付けの言動ばかり繰り返していたとか、そんな感じです。

そして誰かの大切な人を奪ったとしたら、同じように大切なものを取られる気持ちを味わうことになるのも当然の流れ。

芸能人の不倫報道などを見ていても、略奪愛で再婚した夫婦がまた同じような理由で別れるなんてこともありますよね。これがまさに、世の中の法則というやつです。

しかも不倫というのは、さらにたちが悪い。

不倫とは、ザックリ言えば配偶者に隠れて愛人を作るという行為です。ですからそれがバレたときに配偶者は大いに悲しみます。子どもがいれば、きっと子どももショックを受ける。なおさらその悲しみは大きくなります。

すると、**不倫をした本人の運気はグッと落ちます。それはもうすさまじいほどに。**

では、バレても悲しむ人がいなければいいのかと言えば、そういうわけではありません。

バレても悲しまれない夫婦生活ほど、悲しいものはないでしょう?

つまり、誰からも大切にされないような人生を送っていたということですから。

最近では、「不倫は悪いことではない!」と、あたかも不倫を容認するような論調も目にするようになりましたが、そんな人は別に他人に同意を求めることなんかせずに、こっそりやればいい。

それでどんな結果になろうと、自分で選んだ道ですから龍神様だって止めやしません。

龍神様は特定の人に固執しませんから、嫌になればパッパと見切りをつけるだけです。

とはいえ、家庭のある人ばかりを好きになってしまう人がいるのも事実です。

それはなぜでしょう?

それは、既婚者であることの余裕です。家庭があるため異性にガツガツしたところがない自信のある立ち居振舞い。そういう姿に惹《ひ》かれることが多い。

だから、大人の雰囲気で自分を包んでくれるのではないかと錯覚してしまうんです。

ですが、そんなの幻です。都合よく遊ばれていることに気づきましょう。

そして、もうひとつが他人のものを奪って満足するタイプです。

誰かのものを奪い取ることで、自分のほうが優れていると証明したい気持ちが強い人。こういう人はプライドは高いのですが、周りから認められず不満が溜まっていることが多いです。こんなことで自尊心を満足させても、なんの得もないことを自覚しましょう。

いずれにせよ、不倫をすることで幸せな人生が送れることなんてありません。どうしてもその人とつき合いたいのであれば、今すぐに離婚してもらってからです。明確にあなたを選んでくれたのなら、それはたぶん本当の愛です。それならもう、誰も文句は言いませんよ。

ガガの言葉

不倫で得られるのは一時の快楽だが
失うものは一生の宝物だと心得るがね。

【開運コラム4】恋愛・結婚編

縁は見つけるのではなくつなげるってこと

「恋愛をしたいけれど、いい出会いがない」

「理想の結婚相手が見つからない」

そんな異性との出会いに関するお悩みは、いつの時代にも尽きません。

ですが考えてもみてください。

どんな時代でも、どんな国や地域でも、人間には男と女しかいないんです。

いくら学校や職場が同性ばかりと言っても、家から一歩出ただけで、出会いのきっかけが溢れている。

え？　そんなの嘘ですって？　では、この1週間をちょっと思い返してみましょう。利

用したコンビニやレストランの店員、道路で道を譲った人やエレベーターでボタンを押してくれた人。家で荷物を受け取った宅配の人など、異性との接触がまったくない人はいないでしょう。

では、いい出会いに恵まれる人と恵まれない人。いったい何が違うのでしょう?

それは、「一つひとつの縁を大切に扱っているか」という、ただそれだけのこと。

神様も龍神様も、いくらその人の願いを叶えたいと思っても、肉体があるわけではありませんから直接手を貸すことはできません。

そこで思いついたのが「その人に相応《ふさわ》しい人と出会わせる」という方法です。

とはいえ、いきなり本命の人と縁をつなげるほど人間社会は狭くありません。歌手になりたいと願っている人に突然、トップのボイストレーナーとの出会いを演出するのは難しいものです。

そういうときは、小さな縁をつなぎながら大きい出会いへ導くわけです。

僕にも経験がありますが、いつも利用するカフェでよく見かける人がいました。特に声をかけ合うわけではありませんが、カフェの中ですれ違うときなど道を譲って笑顔で軽く会釈する程度です。ですが、お互い悪い印象はありませんでした。

そんなある日、ある会合でたまたまお会いして、「あれ？　あのお店でお会いしますよね」と話す機会があったのです。そしてビックリしたのが、その人が僕の会いたかった人とお友達で僕に紹介してくれることになったのです。

日本では昔から「袖振り合うも他生の縁」と言います。

ここで使われている「他生」とは、仏教用語で前世と来世を意味しています。つまり、道ですれ違って袖が触れ合う程度の出会いでも、前世から来世へつながるほどの意味があると言っているのです。

日本人はどんな小さな縁でも大切にしてきました。そして、その気持ちが運を開いていくことがわかっていたのです。

それに気づけば、「いい人がいない」「出会いがない」と言っている人に限って、そういう小さな出会いをぞんざいに扱っていることが多い。

実際過去に、「結婚したい」「恋人が欲しい」という人たちに頼まれて、妻と一緒に何度か合コンを企画したことがありました。

うまくいかない人は決まって

「いい人がいなかった。次またお願い」

と言います。聞けば皆、連絡先すら交換していない。当然、次につながることはありません。こういう人は何度やってもダメでしょう。

逆に、うまくいく人というのは、

「ありがとう。いい友達になれたので今度お互いの友達誘って遊びに行くんだ」

と、そこから縁を広げていきました。その先にもっといい出会いがあるかもと、ひとつの縁を大切に扱っているのです。その人たちは今、幸せな結婚生活を送っています。

それに龍神様も、自分のつないだ縁を大切に扱ってくれれば、喜んでまた次の縁をつないでくれるんです。

それともうひとつ。「理想の人」を探すのではなく、「理想のパートナーになれる人」を探すことがコツ。

初めから理想という型にはめてしまうと、ひとつでも嫌なところが見つかると「さよなら」となってしまいます。ですがそれでは表面上しか見ていないということ。

理想のパートナーとは「この人なら信頼できる」と、お互いの欠点を許し合い、支えようと思える人です。

縁を大切にしていけば、きっと龍神様がそういう相手に巡り合わせてくれるはずですよ。

黒龍スペシャルコラム2

龍神様に願いを届ける秘密のノートを作ろう

「黒龍さん、ちょっと質問です」

僕は腕を上にピンと伸ばして声を上げた。

「どうしました？　タカさん」

「神様や龍神様にお願いするのに神社へ足を運ぶ人はたくさんいると思うのですが、日常の生活の中でコレすると良いよってことありませんか？」

実は読者から、そんな質問をちょくちょくいただくのだ。

果たしてジェントルマンな龍神様の見解は？

「神様にお願いしたらあとは、自分のできることをすることです。学業の願いなら勉強をすること。スポーツならば練習に打ち込むことです。人事を尽くしたとき、私たちが必要な縁をつなぎ、願い事の実現を後押ししますから……ですが」

そこで言葉をいったん切ると黒龍さんは僕をからかうような目線を向けて、

「きっとそういうことではありませんね？」

そう言って笑った。

「は、はい。みんな人事を尽くすことは理解していると思います。願っただけで夢が実現することはありませんから。それよりも……」

「より明確に、私たち龍神に願いを理解してもらう。そして自分自身もそのための行動を継続するためのコツ、ということでよろしいですか？」

さすが黒龍さん。僕の質問の意図をちゃんと理解してくれているのが頼もしい。

わかりづらいガガさんとは違う、とは言わないでおく。

そうですねと、黒龍さんは掌《てのひら》で口元を押さえて考えると、再び口を開いた。

「願いを叶えるノートを作るのはいかがでしょう」

「願いを叶える？　龍神様に叶えてほしい願い事をノートに書くということですか？」

「その通りです。ちょっとワクワクしませんか？　書くうえではいくつかやってほしいことがありますが、簡単にできます」

そうそう！　そういうことを聞きたいのだ。さすがは黒龍さん、素晴らしい。僕は早速ペンを構えて耳を傾ける。大事なことはちゃんとメモる。これも龍神様の教えのひとつである。

「まず、できるだけ具体的にわかりやすく書くこと。次に絵や写真などを貼ってイメージしやすい工夫をすること。最後に、書いた願い事を叶えるために小さな行動を起こすことです」

ふむふむ、これは面白そうだ。

「黒龍さん。ひとつひとつ具体的に説明をお願いしたいのですが」と、僕は顔を上げた。

黒龍さんは大きく頷くと、ゆっくりと説明を始める。

「まず書くという行為についてです。私たちが知りたいのはその夢が叶ったことで、その人が『どうありたいか』ということなのです。たとえば、『お金持ちになりたい』と願われても、お金持ちの定義は人それぞれ違います」

「つまり、お金持ちになったことで、どういう状態になりたいかを書けばいいんですね？たとえば『ハワイに別荘を持っているお金持ちになる』という感じで」

僕は例を挙げてみた。

「その通りです。そしてふたつめの、絵や写真を貼るという行為。これはその人自身が漠然と思い描いている状態では努力を継続するのは難しいからです。具体的な、自分が成功した姿を視覚でイメージすることで、情熱が湧いてきます。夢へのスパイスに情熱は欠かせないのです」

「たしかに！　それに成功した自分をイメージするだけでなんだかワクワクします。そういう効果って絶対ありますよね」

僕はなんだか嬉しくなって言った。

「そのためにはできるだけカラフルに仕上げることをおススメいたします。華やかな色は、心を沸き立たせてくれますから。そして実は、絵や写真を使うことは、私たちに龍神にとって最も重要な意味があるのです……」

黒龍さんはそう言ってキュッと口を結んだ。空気が引き締まる。

僕はゴクリと唾を飲み込んで続きを待った。果たして、その最も重要な意味とは？

「龍神は字が読めません。特にガガさんは！」

その言葉に僕は思わずズッコケた。な、なるほど～、妙に納得。

「じゃあ、できるだけわかりやすく、イラストとかも交えるといいですね」

「大変助かります」

黒龍さんはそう言うと、丁寧に頭を下げた。

「そして最後は行動を起こせばいいわけね。行動を起こすまでの期限ってあるのかしら？」

ワカが素朴な疑問を口にする。

「72時間以内が目安となります」

黒龍は具体的な数字をあげる。

「どんな小さなことでも構いません。引っ越しをしたいなら、不動産会社のホームページを覗いてみるとか、出版したいなら書店で売れている本を調べてみるとか、どんな小さな行動でも初めの一歩が大事なのです」

「よし。僕も早速始めてみます」

そう言うと僕は立ち上がり、文房具店へ急いだ。善は急げ、だ。

皆さんも夢を叶えるために、龍神様へ届けるノートを作ってみましょう。

どんな願いでも構いませんが、人の悪口や傷つけるようなことはNGです。それ以外であれば、どんな願いでも自由に書いてみましょう。

そしてそれを眺めては、ワクワクした気持ちで行動を起こすだけ。

大丈夫です。あなたの傍には龍神様が付いていますから。

なぜそんなことが言えるかって？　だって、この本を手に取ってくれたでしょう。

龍神様は自分に興味を持ってくれ、信じてくれる人の元へ喜んで飛んでいくのですから。

第5章
人生のお悩み

【お悩み】

世の中は不公平だと思います。パワハラをした上司が出世したり、イジメをしている同僚がいい思いをしているのが納得できません。どうしてこんなことが許されるのですか?

お前はそいつらのすべてを知っているのかね?
「いい思いをしている」となぜ言い切れるのかね。
逆にそいつらから見れば、お前はどう見えるのだろうな?
勝手に被害者面しているんじゃないがね。

まず質問したいのですが、あなたはなぜパワハラをする上司やイジメをする同僚が罰を受けていないと言いきれるのでしょう?

もしかしたら家庭や友人関係もうまくいかず、ほかで不幸な思いをしているかもしれません。子どもが学校で問題を起こして悩んでいるかもしれません。

残念ながら、人の心の中はどんなに親しくても他人にはわからないものです。

それに、もしかするとほかの場所では、誰かを大いに喜ばせ、感謝されている可能性だってあります。

一人に嫌な思いをさせても、そのぶん五人を喜ばせていれば、その五人ぶんの幸せが巡ってくる。良いも悪いも置いておいて、つまりそれが世の中の法則です。

そしてあなたの質問には、龍神様に嫌われる要素が含まれていることを言わねばなりません。

この質問は、他人が罰を受けないことへの不満を露呈しているにすぎません。

龍神様はその人が目指すべき環境に向けて、後押しするのが役目です。**他人に罰を与えてほしいという願いは聞きませんし、むしろそういう人を最も嫌います。**

「会社にひどい人がいるのになぜ罰を受けないのか」

と、他人を裁きたいと願うのであれば龍神様はきっと、

「会社が気に食わんのなら今すぐに辞めればいいではないか」

と考えるでしょう。

他人のことよりも、その人自身が「どうありたいか?」というほうが、人間が生きていくうえで重要だからです。

もし、その会社の「正義」が自分に合わないというのなら辞めてしまえばいい。

自分の「正義」が絶対に正しいと思うのであれば、それを受け入れてくれる場所を探すか、自分で作るしかありません。

居場所がないというのはナンセンスです。居場所など死ぬほどあります。

もし、それでも今の会社に留まるのであれば、龍神様はあなたがそれで満足していると判断するだけです。

アメリカのトランプ大統領を知っていますね。

彼は好かれているのか? 嫌われているのか? どちらでしょう。

選挙の結果、多くの人が彼を選んだのであれば、それがアメリカ人の「正義」なのです。

厳しい言い方かもしれませんが、これがガガさんの回答です。

それに、許せないとか腹が立つという感情ばかり持つと、結局は自分自身に影響が出てしまいます。

世の中の法則では、したことが返ってくると言いましたが、そういった感情もいずれは自分に返ってきて、心や身体にも悪影響が出てしまうのです。

他人の不幸を願うよりも自分の幸せのために行動するようになれば、きっといい結果が訪れると思いますよ。

人生、悪いことばかりではありませんから。

ガガの言葉

裁きたがり屋は嫌われる。

自分の正義が他人の正義とは限らんのだ。

【お悩み】

私はPTA役員をやることになったり、
仕事で私が代表で資格を取ることになったりと、
「なんでよりによって重なるの？」ということが。
これって何か意味があるんでしょうか？

お前は、なんてラッキーなヤツなのだ！
時間とは神様から与えられた限りあるもの。
それを人のために使うヤツは、
神様に愛され運気が上がる。
そのチャンスが向こうから転がってくるとは。
この幸運を喜ぶがね。

オギャーと産声を上げた誕生から死ぬまで、その時間は限られています。
つまり、時間とは命そのものです。

その限りある時間（命）を人のために使おうとする人は、神様に愛され運気が上がります。

それはもう驚くほどに。

これは少し考えてみれば当然のことで、神様も龍神様も、人間の喜びの鼓動をエネルギーにしています。

つまり、「人のために時間を使う」という行為は、「自分の命を神様のために使う」ということとイコールなんです。あなたの行為で、周りの人の喜びを増やしているんですね。

しかも、周りにいる人は神様が派遣してくれた神様の代理ですから、その相手が喜ぶのは神様が喜ぶのと同じこと。

ですから、ＰＴＡの役員、学校の生徒会、自治会の班長、そして、マンションの管理組合の役員など、他の人が嫌がるような役目は進んで引き受けることをおススメします。

何を隠そう僕自身も、初著書『妻に龍が付きまして…』を出版する半年前からマンションの管理組合の理事長を務めることになったのですから。

始めは「えー、面倒だなあ」と思いました。まあ、誰だって自分の時間を取られるのは気が進みません。ですが、ガガさんからこのことを聞いていましたので、気を取り直して引き受けることにしました。

それからです、僕の運気が回り出したのは！　初著書はみるみる大ヒットしてベストセラーになりました。その後もオファーが絶えることはありません。

このように**人のために使う時間が多ければ多いほど、その数が多ければ多いほど運気は巡ります。**

この本の中では、世の中の法則で自分がしたことが返ってくるというお話をしていますが、実はこれもそう。

誰か一人のためにするよりも、多くの人のために時間を使えば、その数に比例して運気は必ず巡ります。

ＰＴＡの役員も、学校の生徒会も、自治会の役員も多くの人に影響を与えます。仮にそこで目立った仕事をしなかったとしても、

「お陰で私は、面倒な仕事をせずに済んだわ」

と誰かに感謝されれば、それだけでも十分効果はあるのです。少し経てばいいことが起こってきますよ。引き受けない手はないでしょう。

そして、あなたのように**「なんでよりによって重なるの？」というときは、大きな幸運が近くまで来ている証拠**です。すでにその準備段階に入っているということ。きっと、こ

れまで神様に愛されるような行動をコツコツとされてきたのでしょう。素晴らしい。

どうか「なんでこんな時に」「時間がもったいない」という気持ちに流されず、「人のためになることは、先々の自分のためにもなる！」と笑って引き受けましょう。

グッドラックです！

ガガの言葉

人のために時間を使うヤツを我々は好む。褒美に幸運をお届けするがね！

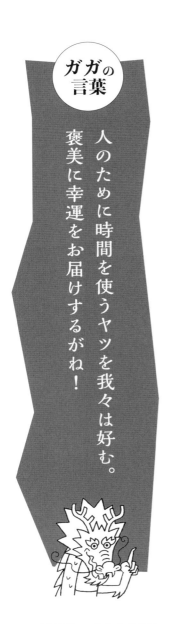

【お悩み】

**先日、父が亡くなりました。
頑固な父で喧嘩ばかりでしたが、今になって喪失感を覚えています。
父が今どう思っているかはわかりませんが、
前を向ける言葉がほしいです**

**腹を割って本音で言い合える、
そういう親子であったことがどれだけ素晴らしいことか、
今抱いている喪失感が物語っているがね。
そういう関係を築ける家族は年々少なくなっているのだ。
だから決まっているだろう？
我が言えることはただひとつ。
お前が子どもで父親は幸せということさ。**

お父さんがお亡くなりになられたとのこと。大変でしたね。

そして、本当に悲しかったでしょう。文面からそれが伝わってきます。

僕たちの話が救いになるかはわかりませんが、事実をお話ししましょう。

まず一番にお伝えしたいことは、**最近の人間の価値観では「長生きが良いこと」という概念が強いですが、魂レベルで考えると決してそうではない**ということ。

魂は長い長い旅をしています。何度もこの世に生まれ変わってきているのです。

そんな長い旅の中で、人間として身体を与えられて生まれてくるのはほんの一瞬のこと。

その一瞬こそが、現世で生きられる時間なのです。

つまり、魂のレベルで言えば死が終わりではないということになります。ではなぜ、わざわざこの世に生まれてくるのでしょう?

ガガさんによれば「前世で背負った業（カルマ）を解消するため」なんだそうです。

そしてそのカルマを解消するのに相応しい環境を自ら選んで生まれてくるのです。

あなたのお父さんが、どんなカルマを解消しようとしていたのかはわかりません。

ただ、多くの人は「結婚」や「子育て」によって解消されるカルマがとても多いといいます。

もともとは赤の他人だった異性と生活を共にする。新しく誕生した命を慈しんで育てる。

その困難を一緒に経験することでお互いの魂が成長するのです。

そして、亡くなって魂があの世へ帰るときに、寂しいと言ってくれる奥さん。父親のために何かできないかと必死になった子どもたち。

その姿を見て、魂の深いところで自分が目指してきたことが達成できた。

そこで初めて自分の人生に満足することができるのです。

あなたの感じる喪失感こそが、お父さんがこの世でやってきたことの何よりの証です。お父さんはそういう満足が得られたのではないでしょうか。

最初に僕は「長生きが良いこととは限らない」という旨を書きましたが、魂は「カルマの解消（魂の成長、満足）」を得るのが目的です。それに年齢は関係ありません。

もしもそれを達成したのであれば、あなたのお父さんは素晴らしい一生だったといえるでしょう。きっとお父さんは今、天国でも幸せだと思いますよ。あなたのお父さんへの思いがそれを物語っています。

そして、あなたにとって大事なのはこれからです。

亡くなった人が行く天国には階層があるといいます。

上の階層の人は下の階層の人に自由に会いに行けるそうですが、下の人が上の階層に上っていくことはできないとのこと。

遠い未来にあなたが天国に行ったとき、お父さんに自由に会えるように、お父さんよりも高い階層に行けるように、元気に明るく、そして素直に生きることです。

それがこれからあなたがお父さんのためにできる、最大の親孝行だと思いますよ。

ガガの言葉

魂を成長させられたかは、死んだときに泣いてくれた人間の質でわかるものだ。

【お悩み】

私は一度落ち込むと、とことん落ち込むタイプで仕事にまで影響が出ることも。すぐに回復できるいい方法があれば教えてほしいです

真剣に取り組んでいたからこそ、
落ち込むのだ。
中途半端が一番イカンがね。
泣いて苦しんで、
どん底まで落ちてみたまえ。
回復は早まるだろう。

ガガさんの言う通り、落ち込むのはそれだけ真剣に物事に取り組んできた証拠です。
問題なのは、その後の処理を間違えた場合です。
皆さんも覚えがないでしょうか？　誰かの言葉だったり仕草だったりを目にして、理由

はわからないけれど、突然落ち込んだりしてしまった経験。実は、これが危険信号です。

その理由を説明しましょう。

「真剣に取り組んだ仕事がうまくいかずに上司から叱責された」

「大切な友達のためにしたことなのに、誤解で激しい怒りを買った」

「頑張って勉強してきたのに、試験に落ちてしまった」

真剣に取り組んだぶん、思いもよらぬ展開に人は傷つき落ち込みます。そして、そのつらい感情を忘れようと無理に元気に振舞ったりする人も多いでしょう。

しかし、そうするとつらかった感情が処理されないまま心の中に保管されることになります。

未処理のまま心の中に保管されたつらい感情は、不発弾のようなもの。何かのきっかけでいつ爆発するかわかりません。

しかも、そういう状態に陥ると考えがネガティブになり、物事もうまくいかなくなってしまいます。それでは安心して人生を楽しむこともできない。

ですから、ガガさんの言うように**落ち込んだときはどん底まで落ちて、そのつらい感情を処理してしまう**のです。あれこれ考えるのをやめて、身体を休ませることです。こんなときに何か考えてもネガティブなことばかりが思い浮かんでさらに気が滅入《めい》ってしまうだけ。

ポイントは、その**落ち込んでいる状態を「必要なこと」として受け入れる**こと。

そもそも、世の中に失敗しない人なんていませんし、落ち込まない人もいません。だから自分が落ち込んでいることも当然で、むしろこれからの人生で必要なことだと理解しましょう。

そして、気持ちが落ち着いてきたら、そのときの失敗を振り返って客観的に見つめてみます。一番いいのは紙に書き出してみること。真っ白な紙に思いのままを書いてみる。文章にする必要はなく、思い浮かんだことをただ書く。アウトプットすることで自分が整います。そしてちょっと落ち着けば、冷静に失敗の原因を振り返り考えることができるはずです。

そこで初めて、

「なぜ、うまくできなかったのか?」

「どうして相手は喜んでくれなかったのか?」

「なぜ、失敗してしまったのか?」

が、「なんとなく」わかる。なんとなく、これで十分なんです。

この「なんとなく」こそが、成長するチャンスと言っても過言ではありません。

裏を返せば、落ち込んだ状態を無理に忘れようとしている状態では、ここに到達することはできません。どん底まで落ちた結果、初めて這い上がる術《すべ》を考え始めるのです。

それに、落ち込む人はそれだけ大きな理想を持っている証拠です。

僕は素晴らしいと思いますよ。

その理想へ向けて一歩一歩、歩みを進めていきましょう。神様も龍神様も、そんなあなたを応援しているのですから。

ガガの言葉

落ち込むのは大きな夢を持っている証拠。凹《へこ》んだぶんだけ、人生の高みに近づけるのだ。

【お悩み】

私はいつも冷めていると言われ、ワクワクするという感覚がいまいちわかりません。楽しいこと、面白いことを見つけるにはどうすればいいでしょうか？

3日間、飲まず食わずで風呂にも入るな。
2日目で食い物が欲しくなり、
3日目になれば水浴びが恋しくなるだろう。
普段の生活がどれだけ素敵か、
お前は身体で感じる必要があるがね。

人間は贅沢な生き物です。
目の前にある幸せをすぐに忘れてしまいます。
2011年、僕が住む東北は大きな地震と津波に襲われました。東日本大震災です。

僕の故郷気仙沼《けせんぬま》も大きな被害を受けました。僕自身も仙台で被災した者の一人です。その時、多くの人が思ったはずです。

「生きているだけで幸せだ」と。

ですが**人間は贅沢なもので、だんだん今あるものが当たり前になってしまいます。**

「家があるのが当たり前」

「食事ができるのが当たり前」

「仕事があるのが当たり前」

そして、「もっともっと」と要求が大きくなっていく。

要求が大きくなれば不満に感じることもどんどん増えていく。

「あれが欲しい」

「これも欲しい」

「私はもらって当然だ」

そうしていつしか、今あるものへの感謝も薄れていってしまう。

感謝の気持ちがなければ、楽しいことや面白いことを見つけられないのは当たり前。

楽しいことはいたるところに転がっています。すべては心の持ち方、感じ方ひとつ。

「今日は天気がいいな。ラッキー」

「道が空いてる。嬉しい！」

「欲しかった本が見つかった。幸せだわ」

そう感じるほうが、幸せじゃありませんか？

そして**感謝の気持ちがある人は、花壇の花ひとつでもそこから思いを巡らせることができます。**

この花を植えてくれた人はどんな気持ちで植えてくれたのか。肥料をあげて水をあげて、時には雑草を抜いてくれたりもしてくれたはずです。

ただ「花がきれい」と思うだけでなく、今そこにある環境がどんなふうに作られたかまで思いを巡らせると、なんだか心が温かくなります。

そうすれば自然と周りにあるものが「当たり前」でないことに気づくことができる。そこにまた感謝の気持ちが芽生えるわけです。幸せな気持ちが胸いっぱいに広がっていきます。

逆に、冷めている人はすべてが「当たり前」だと思っている。

天気がいいことも、道が空いているのも、欲しい本が簡単に見つかるのも、すべてが当たり前のこと。そこに感謝の気持ちはありません。当然、喜びも楽しさも感じない。すごくつまらない。

ですから、ガガさんの言うように、食事を絶ってみればいい。それなら食事のできるありがたさがわかるでしょう。風呂に入らないでいればいい。自由に水を使えるありがたさがわかるでしょう。

不自由とは、自由である幸せに気がつくためのチャンスでもあります。

楽しいことも面白いことも、いたるところにあるのですから。

ガガの言葉

楽しくないのを何かのせいにするな。お前の心の感度が錆びついているだけだがね。

【お悩み】

先日、可愛がっていた愛犬を亡くしました。ずっと一緒にいたので喪失感から何も手につきません。どうすれば立ち直れるでしょうか？

喪失感の大きさは、
大切なものと共に過ごした幸せの大きさなのだ。
涙がこぼれるたびに、
「ありがとう」を伝えるがね。
心は癒され、やがて立ち上がれるだろう。

大切な家族や友人を亡くしたとき、人は悲しみ、苦しみます。

そしてそれは、人間だけでなく一緒に過ごしてきたペットなど動物も同じことです。

そして、その**喪失感の大きさは、それまで共に過ごし、感じてきた幸せの大きさ**でもあります。遠慮はいりません、思いっきり泣きましょう。

あなたが流した涙のぶんだけ、幸せをもらった「ありがとう」の気持ちがその子に届くはずです。そしてその涙が、あなたの心の悲しみを、少しずつ洗い流してくれます。

人は誰でも、そうやって何度も悲しみから立ち直っていくんです。

ガガさんも、長い間人間たちと共に生きてきて、たくさんの悲しみを抱えた人たちを見てきたそうです。

生きとし生ける者には必ず終わりがあります。人も動物も必ず死ぬ。その悲しみは、いつの時代でも変わることはありません。文明が発達し、時代がどれだけ移り変わろうとも絶対に変わることのない、不変の事実。

ですが、その悲しみから立ち直れる人と、そうでない人には、違いがあるとガガさんは教えてくれました。

まず、悲しみから立ち直れる人の共通点は、

「感情のまま、ひたすら泣く」

という過程を経ている点です。

つらい感情を押し込めずに、思いっきり泣くことです。

泣いて泣いて、その涙が枯れるほど泣けばいい。

恥ずかしいことはありません。亡くなったペットがそれを見て困ることもありません。

僕も自分の馬が死んだとき、人目もはばからず泣きました。悲しかった。

だからあなたも、これまでその子からもらった幸せのぶんだけ、泣けばいい。

「ありがとう」という気持ちと一緒に。

楽しかった思い出を人に話すこともいいでしょう。

どれだけ幸せだったか。どれだけ楽しかったか。涙が溢れても、いっぱい幸せだった話をしましょう。

その一つひとつを口に出すことで、心の整理がされていきます。

悲しみから抜け出せない人の中には、このペットを亡くした悲しみを誰にも話せなかったという人が多いようです。それではいつまでも区切りをつけられず、悲しみの中で一人、もがき続けることになってしまいます。

そして今、大切なペットと共に暮らしている人は、日頃から健康に気を配ったり、一緒にいてあげる時間を取ったりして、やり残したと思うことがないように心がけるのも大切です。

亡くしてから、「もっと一緒にいればよかった」「健康に気をつけてあげればよかった」と、いくら後悔してもダメだからです。**日頃からできることをちゃんとする。**これが一番じゃないかと思います。

もちろんこれは、ペットだけのことではありません。

日頃から大切に思っている家族、友人、そして自分自身にも、

「もっと、○○してあげればよかった」

そう感じることがないように心がけることが、後悔のない人生を送り、幸せを引き寄せる何よりの方法です。

ガガの言葉

愛しき者のために流す涙は美しい。その涙が悲しみを洗い流してくれるがね。

【お悩み】

今はお掃除開運法などというものも聞きますが、私は掃除が苦手で、家もお世辞にもきれいとは言えません。うまいお掃除のアドバイスをお願いします

汚い家には決して幸せは来ないがね。
苦手だろうがなんだろうが、
手をつけなければ始まらん。
まずはトイレと玄関だけでも磨きたまえ。

掃除は運気を上げるだけでなく、物事を判断するトレーニングにもなります。

「いるもの」「いらないもの」を瞬時に判断する。

それが人生の判断にも役立ちますし、片付けるときにどれをどこにしまえば効率的か？

を考えることで物事を考えるトレーニングにもなります。

ね、すごいでしょ？　掃除って。

そこで何からすればいいか迷っている人へのアドバイス！

5Sの順番で行うことをおススメします！　**5S**とは、

1．整理

2．整頓

3．清掃

4．清潔

5．しつけ

の5つです。

すべてお話しすると大変なので、まずは**最初の2つ**を心がけてみましょう。

1．整理とは、いるものといらないものを区別して、いらないものは捨てることをいいます。「いるもの」「いらないもの」を区別しましょう。

そして、いらないものを捨てる。それがまず第一弾！

第一歩としては、ゴミ袋をたくさん用意して、不要なものをドンドン放り込みましょう。

次に**2．整頓**です。

整頓は、いるものをきちんと使いやすい場所に置くことです。

1．でいらないものを捨てたら、残っているものを使いやすい場所に配置します。

頻繁に使うものは、手が届きやすいところに。使う頻度が低いものはそれなりの場所に。

このように整理整頓から始めてみるといいでしょう。

実際にやってみるとわかりますが、結構考える必要が出てきます。

「これいるかな？」

「これはどこに置こう？」

そういう身の回りの工夫が、人生の大事な場面で役立つんですよね。

そして、最初に手をつけるのは玄関とトイレ、そしてキッチンが良いでしょう。

なぜなら、毎日必ず使う場所であり、運気の出入り口だから。その運気の出入り口をきれいにすることで、掃除スイッチがＯＮになる人は多いのだそう。

掃除スイッチが入りさえすれば、あとはこちらのもの。気になるところを徐々に片付けていきましょう。まずは手近なところから手をつけることをおススメします。

そして実は、掃除にはもうひとつ良いことがあるんです。

僕たちはいつも、「迷ったときは、後悔しないほうを選ぶと良い」というお話をしています。ガガさんに教わったように、後悔を一つひとつ減らしていくことが、人生をより明るく楽しいものにする一番の近道だからです。

そして、この掃除こそが「やったあとに絶対に後悔しないこと」なんです。

掃除したあとに、

「やっぱり掃除しなきゃ良かった」

「掃除したことを後悔してる」

そんな話を聞いたことはありませんよね。

掃除とは、あなたの明るい未来への道をきれいにすることでもあるのです。

ガガの言葉

掃除とは心を磨くこと。
磨かれた場所と心に神は宿るのだ。

【お悩み】

私は痛ましい事件や事故を目にするたびに、世の中の事なかれ主義に憤りを感じます。世の中を変えなきゃいかん！　と。私はどうすればいいでしょうか？

お前は何様かね？
神様にでもなったつもりか。
身の程をわきまえたまえ。
一人で世の中を変えられるヤツなどいないがね。
人がつながって大きくなり、やがて世が変わるのだ。

もしかして、あなたは自分の力で世の中を変えられるとでも思っているのでしょうか？
残念ですが世の中は一人の力では到底機能しません。たくさんの人が生きていて、その数に比例した考え方が存在します。そして、全員が同じ考えにまとまることは決してありません。

とはいえ、多くの人が「こいつはマズい」と感じていることならば、改善していく必要があるのも事実。僕たちもそのままで良いと言っているわけではないのです。

人間は一人ひとり、皆**「自分にできること」、「関係のあること」に全力で取り組み、改善していく**という役目を与えられています。

たとえば、自分の親や子どもが何かひどい目にあったとしましょう。腹が立ちます。でも、それだけでは何も変わらない。おそらく、それをなんとか解決しようと動くはずです。考え、やがて行動する。

そうやって、身の回りのことを一つひとつ解決していく。それが人生です。

社会にはそういう問題が溢れているので、一般的な人間は自分に関係のない事件に眉をひそめることはあれど、それに囚われて思い悩むほど暇ではありません。

僕たち一人ひとりが身の回りのできることに取り組むことで、全体が良くなっていく。世の中が良くなるのにはそれしか解決策はないのです。

それでも、あなたが世の中を変えたいというのならば、そのために何か行動をしているのでしょうか？

もし、何かを変えたいと本気で思うならば、嫌な事件が起きないように声を上げ、人を集めて活動するとか。

幸い今の時代は誰でも発信することができるし、戦国時代と違い、首をはねられることもありません。

自分がやるべきことをせずに、ただ「こんな嫌な事件が起きるなんて」と思い悩んでいても世の中は少しも変わりません。

ですが、このように「世の中のために」と声高に叫んでいる人ほど、自分の回りのことを疎《おろそ》かにしている気がします。外を向くよりまずは身近に気を配りましょう。**近くの人を蔑《ないがし》ろにして、世の中を変えられるはずがない**からです。

今、自分ができることをする。

今日会った人に挨拶をする。笑顔で明るく接する。それだけでも立派な行動じゃありませんか。

それで周りの人たちが「ああ、こんなふうに人から優しくされて嬉しい」と感じ、他の人にも優しく接するようになるかもしれません。

自分ができる範囲のことで構わないので目の前のことから変えていく。

千里の道も一歩から。

かつて僕たちは、「一人でも多くの人が幸せで楽しく生活してほしい」という気持ちで活動を始めました。ブログのアクセス数は一日二桁いけば良いほうで、トークイベントは参加者が数人という有様でした。

それでも「今、自分ができることをする」と、行動し続けたことが大きな今につながったと思います。

ガガの言葉

目の前のことを変えられんヤツが、世界を変えられるわけがないだろう。

【お悩み】

神社でお願い事をすると、すんなり叶うものと、なかなか叶わないものがあります。この差ってなんでしょう？私のお願いの仕方に何か差があるのでしょうか？教えてください

お前、馬鹿かね。
物事にはタイミングというものがあるのだ。
そいつの準備ができていないのに、
できるわけがないだろう。
ちょっとは考えたまえ。

物事には「最適なタイミング」というものがあります。
そして神様も龍神様も、その最適なタイミングを計って願いを実現させてくださるのです。

人は**神様を信じ、そのタイミングが来たらそれに応えられるように準備をしておくこと**が大事。どんな願いであっても、その人の準備が整わなければ絶対にチャンスを作ってはくれませんから。たとえば、

「どうしても歌手になりたいです。大きなステージに立たせてください」

と願った女性がいたとします。

しかし、彼女自身まだまだ歌唱力がなく、観客を満足させられる歌声ではなかったとしたら。そして、その状態で大きなステージに立つことになったら。

観客に不満を持たれ、大きなブーイングを浴びたり、ＳＮＳなどで批判される可能性だってあります。

それで自信を失い、彼女が歌手になる夢を諦めてしまっては元も子もありません。

だからこそ、本人が歌唱力を養い、大きなステージに立てる器量を身につけるまで「大きなステージに立たせる」という願いを叶えることはしません。

そして神様や龍神様が最も頭を悩ませるのが次のようなケースなんだそうです。

「今の彼氏と結婚させてください。幸せになりたいです」

そう願った女性がいました。

しかし、神様や龍神様にはその彼氏と結婚しても決して幸せになれないことがわかっていたとします。するとですね、神様も困ってしまうのだそうです。

彼女が、彼氏との結婚にこだわるのか、それとも幸せを取るのか。それを見極める必要が出てきます。

もし、彼女にどんな試練にでも耐えるという覚悟があれば、あえて縁をつなぐかもしれません。試練を乗り越えて幸せを手にする場合だってあるからです。

しかし、試練には耐えられないと判断すれば彼氏と別れるように仕向けるでしょう。

ですが、神様の意図は本人にはわかりませんから、

「神様に願ったのに叶えてくれなかった！　この神様は信用できない」

となるかもしれません。

ですから、叶うのが遅いとか、叶わないのはおかしいとか、そういうことをあれこれ考えるのではなく、**神様に願い事をしたら、あとは方法やタイミングは神様にお任せして、自分ができることをする。**

歌手になりたいのであれば、歌唱力を上げるためにレッスンに通うとか、小さなステージに立って経験を積むとか。とにかく人前で歌を歌うことを続ける。

幸せな結婚をしたければ、自分を磨く。誰にでも笑顔で振舞えるよう心がける。自分ができることをしっかりやって、準備が整ったと判断したとき、神様が最も良い形で縁をつないでくれるのです。

大事なのは、それを信じて行動すること。そして、起きた現実を受け入れることです。

それに、願いが叶うのが早ければいいというわけではありません。

むしろ、遅くなったほうがしっかり準備できるぶん、大きな結果につながることも多いのです。みんな、それを待てずに諦めてしまうからとてももったいない。

ちなみに、僕も本を出したくて出版社へ企画を何度も送っていましたが何年もうまくいきませんでした。きっと、文章の腕が上がるまでジッと待ってくれていたのでしょうね。

ガガの言葉

我々が最適なタイミングで叶えてやる。それを信じてしっかりと準備をしたまえ。

【お悩み】
自分のことが嫌いです。どうしたら自分を好きになれるでしょうか？

自分を嫌いなヤツなどいるのかね？
本当に嫌いなら、
嫌いなままで良いではないか。
どうせ好きだからこんな質問をするのだろう？
拗《す》ねるのはやめたまえ、馬鹿もんが！

本当に自分を嫌いな人などいるでしょうか？

そんな人って決まってこう言うんです。

「どうすれば自分を好きになれますか？」

「自分を好きになりたいです」

嫌いじゃないから、好きになりたいんですよね？

本当に自分が嫌いならば、そもそもそんな感情にはなりません。

嫌いで嫌いでどうしようもない人を思い浮かべてください。会社の上司、意地悪な先輩など誰でも一人くらいはいると思います。

さあ、あなたはその人のことを好きになりたいと思いますか？　おそらく思わないでしょう。もし、思う人がいたら、あなたは聖人です。素晴らしい。

ですが、ほとんどの人はわざわざ嫌いな人を好きになりたいとは思いません。それが正常です。裏を返せば、自分のことを好きになりたいと思う時点ですでに好きなんです。

ではなぜ、「自分のことが嫌い」と考えてしまうのでしょう？

答えは、

「自分のしている『行動』が嫌い」

というだけ。

明るく振舞えない自分が嫌。

クラスでいつも目立たない自分が嫌い。

うまく人とコミュニケーションできない自分が嫌。

こんなふうに、**嫌いな自分の行動を改善したい、変えたい。それが「自分を好きになりたい」の正体**です。ならば、理想の自分を思い描いて行動すればいい。それだけです。

そして、自分が嫌いだという人にはある特徴があります。

人と比較することです。

そして、自分の劣っているところばかりを気にして勝手に劣等感を抱いている。

ですが人と比較することほど無意味なことはありません。そもそも、あなたのことをそんなに意識して見ている人はいません。ある意味、自意識過剰です。

人はそれぞれみんなが違う生き物です。背の高い人もいれば低い人もいる。歌が上手い人がいれば、弁論が得意な人もいる。勉強はからっきしダメなのにスポーツではすごい能力を発揮する人だっています。

だから、多くの人はあなたのことだって「劣っている」なんて思っていない。「違う」と感じているだけ。

勝手に勝った負けたで劣等感を抱く意味は、本来ないんです。

そして誰だって、ひとつくらい人に負けないものはあるもの。それに目を向ければいい。

それを磨く。それが自信と明るい人生を切り開く種になります。

「自分はあの人と比べてどうか？」

ではなく、自分は自分と考える。そして、

「自分はこうありたい」

という気持ちを一本持つ。

理想の自分を持ち、それに近づく努力をする。これ、結構楽しいですよ。

自然と自分が愛おしくなってきます。

何より、何かに真剣に取り組んでいる姿は美しいから、他人にも愛されるようになるでしょう。

ガガの言葉

自分が嫌いなヤツなどいないのだ。嫌いな行動を変えるだけで十分だがね。

【開運コラム5】 人生編

幸運を引き寄せる魔法の言葉、教えます

「幸せな人生を送るために、運が良くなりたい」

そう思っている人はとても多いと思います。

その願い、叶います。いとも簡単に。

今、この瞬間から、「私は運が良い」と言いましょう。

はい、実際に声に出してください。

「私は運が良い！」

たったこれだけで、あなたは運が良くなります。

本当です。

人は、自分が意識した情報に目が行きがちになります。自然と、意識した情報が集まってくる。だから「運が良い」と思っている人は、運が良い情報が。「運が悪い」と思って

いる人は、運が悪い情報が集まるようになるのです。

たとえばあなたが、「赤い車が欲しいな」と思ったとします。すると、道を歩いているときに、やたらと赤い車が目につくようになる。

別に突然、赤い車が増えたわけではありません。あなたが赤い車に無意識のうちに反応しているだけなんです。

心理学用語では、これを「カラーバス効果」といって科学的にも証明されている現象です。

ではなぜ、カラーバス効果で運が良くなるかというと、神様も龍神様もその人の言動で「何がしたいのか?」を判断しているからです。

よく、「思考が現実を引き寄せる」と言いますが、龍神様の話では人は思考している内容に基づいた行動を取るようになるから、その言動を見るだけでその人の考えがわかるそうです。そして龍神様は、すべてその言動で判断します。

だから、運が良いと思っている人は、自然と運が良くなる行動をするようになります。

同じ出来事でも、運が悪いと思っている人とはとらえ方も違ってくる。

道で転んだときに運が良い人は、「大きな怪我にならなくて良かった。このくらいで済んでラッキー」と言う。運が悪い人は、「こんなところで転ぶなんて、私はなんて運が悪いの!?　なんなのよ、この道！」と言う。

そうやって自然と、思考に基づいた言動をしているんです。

そして、それを見て龍神様は、「なるほど、この人は運が良いのだな」「運が悪いのだな」と判断する。そして、それぞれその人に見合った出来事を運んできてくれるわけです。

龍神様は、物事の良し悪しはわかりませんから（もちろん人を傷つけたり陥れるようなことは別です）、その人が思っていることを実現してくれるわけです。それが望んでいることだと思うから。

だから運が良くなりたければ、

「私は運が良い」

と日頃から呟いてみましょう。

そうすれば自然と身の回りにある幸運に気づけるようになります。どんなところにも幸運は転がっているのですから。

それを龍神様が見て、「こいつは幸運に囲まれて生きているのだな。ならば、そういう出来事をどんどん運んできてやろうではないか」と考えてくれるようになります。

そして、もうひとつ。

運が良い出来事があったら「ありがとう」と言うことです。

不満が多い人というのは、感謝の気持ちが枯渇しているのです。感謝の気持ちがないから、周りに対する不満ばかりが目につくようになる。それでは運気の巡りも悪くなってしまいます。

幸運な出来事に感謝の気持ちを持つこと。

きれいな花に癒されたら、そこに花を植えてくれた人、肥料をやったり水をやってくれた人がいたから自分が癒された。そんな想像力を膨らませることができるようになる。

その想像力が、もっと幸運を運んできてくれるのです。

幸せな自分。楽しい人生。幸福な生活。

それを思い浮かべて、龍神様に幸運をどっさり運んできてもらいましょう。

おわりに

完全に盲点でした。

僕たちはこれまで「願いを叶える」ということを主題にガガさんのお話を書いてきたのですが、中には「なかなか願いを叶えられません」という声をいただくことも。

いったいなぜだろう？　と考えていたときにポンと入ったのが「悩み相談」という企画でした。

「うん、たしかに。悩みを抱えているうちはなかなか前向きな行動ができない！」

それに気づき、思わず膝を打ったのを思い出します。

特に現代では、ＳＮＳが発達して表面上のつき合いは広がったものの、腹を割って相談できる人間関係はどんどん少なくなっている気がします。

周りにも相談できずに一人悩み苦しんでいる状態では、たしかに願いを叶えるどころではありませんよね。

「そこに目をつけるなんてさすがですね！」

と担当編集者O女史に僕が言うと、ちょっと不思議な出来事があったんだそうです。

このアイディアは「はじめに」でガガさんがおっしゃっているように、ガガさん自身の願いだったんです。

実は龍神様たちは、2018年開催した出版記念パーティーの場で、「悩み相談をガガさんにしてほしい」という話を、ファンの方々の口からさせたのだそうです。それを直接聞いていたのがO女史だったのだそう。まさかそれがガガさんや龍神様たちの策略だとは気づかぬまま……。

そして龍神様の導きに素直に応え、書籍化してしまったO女史もさすがです。

結局僕たちは、今回も龍神様の掌の上で踊らされていたのかもしれませんね。

そして今回の企画においては、ファンの皆さんからブログやメルマガを通じていただいたご質問も大いに参考にさせていただきました。これもあらかじめ敷かれていたレールだったんでしょうか？　まあ、これ以上人間が考えても無意味なのでやめておきましょう（笑）。

「どのような悩みを抱えているのか?」

「どんな疑問を持っているのか?」

それらを一つひとつ読ませていただきながら、ガガさんや黒龍さんとも相談してお答えしてきました。

ですから、この本は今読んでくださっているファンの皆さんと一緒に作り上げた本だと感じています。本当にありがとうございました。

ですが勘違いしてほしくないのは、「悩むことは、悪いことではない」ということ。悩みがあるのは、「今よりも成長したい」「環境を良くしたい」という向上心の表れでもあるからです。何も恥じることはありません。

もし、そこに問題があるとすれば、考えてばかりで行動できていないことだけ。

この本をぜひ「どんな行動をすればいいか」という道しるべにしてもらえたら嬉しいです。

この本が、皆さんにとっての人生の虎の巻となってくれたら幸いです。

令和初の真夏日を迎えた仙台にて

小野寺S一貴

小野寺 S 一貴（おのでら・エス・かずたか）

作家・古事記研究者、1974年8月29日、宮城県気仙沼市生まれ。仙台市在住。山形大学大学院理工学研究科修了。ソニーセミコンダクタにて 14 年間技術者として勤務。東日本大震災で故郷の被害を目の当たりにして、政治家の不甲斐なさを痛感。2011年の宮城県議会議員選挙に無所属で立候補するが惨敗。その後「日本のために何ができるか？」を考え、政治と経済を学ぶ。2016 年春、妻ワカに付いた龍神ガガに導かれ、神社を巡り日本文化の素晴らしさを知る。著書『妻に龍が付きまして…』（東邦出版）、『龍神と巡る 命と魂の長いお話』（扶桑社）などの龍神ガガシリーズは累計 20 万部のベストセラーに。現在も「我の教えを世に広めるがね」というガガの言葉に従い、奮闘している。

小野寺Ｓ一貴オフィシャルブログ「龍神の胸の内」
https://ameblo.jp/team-born/

メルマガ「小野寺Ｓ一貴　龍神の胸の内【プレミアム】」
（毎週月曜に配信）
https://www.mag2.com/m/0001680885.html

Facebook　小野寺 S 一貴
https://www.facebook.com/kazutaka1974

Twitter　@team_born_s

ブックデザイン　小栗山 雄司
イラスト　高田 真弓
本文 DTP　株式会社アイ・ハブ
校正　株式会社麦秋アートセンター
協力　小野寺Ｓ和香子（TEAM梵）

龍神《りゅうじん》ガガの人生相談《じんせいそうだん》

2019年6月27日　初版発行

著者　小野寺《おのでら》 S《えす》 一貴《かずたか》

発行者　川金 正法

発行　株式会社 KADOKAWA

〒102-8177　東京都千代田区富士見 2-13-3

電話　0570-002-301（ナビダイヤル）

印刷所　大日本印刷株式会社

ISBN 978-4-04-604296-5　C0076